KB111436

어쩌면 우리가
거꾸로 해왔던 것들

나와 당신을 되돌아보는, 지혜의 심리학

어쩌면 우리가 거꾸로 해왔던 것들

김경일 지음

진성북스

인지심리학이란 간단히 말해 '생각이 어떻게 작동하는지를 밝히는 학문'이다. 이는 '생각 사용설명서'를 만드는 일로 물리학처럼 굉장히 미시적이고 구체적인 내용을 다루는 분야다. 전작 《지혜의 심리학》과 《이끌지 말고 따르게 하라》에서도 같은 내용으로 설명했었다.

지극히 당연한 표현이지만 좀 더 색다른 정의는 없을까?
일상적인 삶과 좀 더 관련 있는 묘사가 가능하지 않을까?

언제부터인가 그 답 중 하나가 머리 속에서 맴돌고 있다. '우리가 거꾸로 행동하고 말하는 것들을 제자리로 되돌려주는 학문'이 특별히 마음에 와 닿는다. 인지심리학자들은 항상 실험한다. 먼저 인간의 생각이나 행동 하나를 끄집어낸 후 그 생각과 행동이 애초의 의도와는 달리 오히려 역효과를 내거나 부작용이 생기는 상황을 설정해 그 결과를 실험으로 보여주려고 한다.

즉, "여러분들은 지금까지 이렇게 해오셨죠? 그리고 그 방식이 만족스럽지 않은 경우가 많았죠? 지금부터 그 이유를 설명해드리겠습니다. 물론 실험이라는 꽤 과학적인 메시지 형태로 말이죠. 실험 결과는 대부분 이렇습니다. 지금과는 반대로 하셔야 오히려 바라는 결과를 얻는 경우나 상황이 있다는 겁니다. 기존과 반대로 할 때 오히려 남을 더 설득하고 스스로 지혜로워지며 심지어 더 행복할 수 있는 경우나 상황을 말씀 드리겠습니다"라고 말이다.

나도 지금까지 멀리 벗어나지 않았다. 수백 번 실험하고, 수십 건의 논문을 쓰고, 전 세계 심리학자들의 관련 논문을 수없이 읽었다. 나아가 그 수많은 이야기들을 세상에 알리기 위해 나름 노력해왔다. 독자와 청중에게 깊은 공감을 불러일으킨 경우도 많았다. 그렇지만 생활 속에서 거꾸로 행한 경우도 많다는 점을 고백하지 않을 수 없다.

이 책은 수십 년 동안 심리학을 공부해오면서 사람들로부터 가장 많은 공감을 받은 내 말과 글을 모아 엮은 것이다. 수많은 독자와 청중들이 '아! 맞아. 내가 그랬지'라며 지지했던 내용들이다. 다양한 사람들이 공감한 내용들의 방점은 이렇다. 지금까지 일상에서 거꾸로 해온 것을 반대로, 즉 제자리로 되돌려놓자는 이야기들이다.

우선 그중 하나를 살짝 꺼내보자. 만약 교통사고로 인해 육체적 고통이 참을 수 없을 정도라면 어떡하겠는가? 뼈가 부러지거나 살점이 찢어진 큰 상처를 입었을 때 우리는 진통제가 필요하다. 그런데 이런 물리적 상해가 없을 때도 인간은 고통스러울 때가 있다. 바로 인간관계로 겪는 고통이다. 이를 '사회적 고통'이라고 한다. 가장 대표적인 예가 '이별'과 '갈등'이다. 그런데 이런 사회적 고통과 물리적 상해로 인한 고통을 느낄 때 뇌는 의외로 통증 지점이 크게 다르지 않다. 더욱 놀라운 사실은 이런 사회적 고통에도 진통제가 의외로 효과가 있다는 연구 결과다.

이제는 유추를 사용할 시점이다. 정신적 고통과 육체적 고통이 같은 크기로 다루어져야 한다는 지혜를 얻을 수 있다면 당신의 심리학 지수는 올라간다. 이별이나 갈등으로 고통을 겪는 상대방을 큰 사고를 당한 환자처럼 대해준다면 그는 무척 고마워할 것이다.

또 하나 있다. 사회가 격변하고 인간이 장수하는 요즘 이직이나 퇴직 후 제2의 직장을 갖는 경우가 많다. 이때 새로운 직장에서 어떤 방식으로 말하고 행동해야 하는가? 관련된 연구와 조사 결과를 보면 절대다수 사람들은 대부분 새 직장에서 그 회사의 '약점을 보완'하려고 한다. 자신의 좋은 경험과 지식을 활용하는 것은 당연할 수 있지만 거기에만 머물면 안 된다. 새 직장에서 약점 보완을 시도하면 필연적으로 이전 직장과 새 직장을 비교하게 되고 기존 직원이 해놓은 것들을 부정하는 꼴이 된다. 그럼 동료관계는 점점 더 꼬이기 마련이다. 어떻게 해야 하나? 새 직장에 잘 적응하고 관계도 원만한 사람들의 공통점 중 하나는 의외로 간단하다. '새 직장의 숨은 장점'을 적극적으로 찾는 것이다. 기존 직원들도 잘 모르는 장점이니 나의 영역(업적)으로 삼기도 쉬워진다. 즉, 질투나 경계의 대상이 되지 않으면서도 협력을 이끌어낼 가능성이 커진다. 그리고 과거 몸담았던 조직에 심리적으로 머물지 않게 되어 적응도 더 쉬워진다. 그러니 이 또한 우리가 지금까지 '거꾸로' 해왔던 말과 행동들이다. 이런 지혜를 터득한다면 인간관계는 물론 성과는 덤으로 따라올 것이다. 성공의 길은 결코 멀리 있지 않음을 심리학은 보여준다.

나도 지금까지 살아오면서 사랑하는 사람들과 크고 작은 아픈 이별들을 경험했다. 첫사랑과의 헤어짐, 가족이나 친구의 죽음처럼 바로 그 순간 가슴이 미어짐을 느끼는 경우도 많았다. 두고두고 가슴 한구석을 아프게 만드는 만성질환과 같은 이별이다. 고통스러웠다. 물리적 상처는 전혀 없었지만 모두 괴롭고 고통스러웠다. 어찌 이별만 힘들었을까. 내게 몹쓸 이야기를 전하는 사람들도 참 많다. 이유도 없이 나를 미워하고 시기하고 질투해 내 이야기에 시비를 걸고 반대를 일삼는 사람이 왜 없었겠는가.

그런데 돌이켜보면 이별과 갈등으로 힘들 때 가장 큰 힘이 된 것은 더 이성적이고 합리적인 생각을 할 수 있도록 도와준 주위 사람들의 조언도 아니고 나 자신의 지혜도 아니었다. 이렇게 '사람 때문에 고통을 겪는 나'를 마치 '교통사고 당한 사람'처럼 생각하고 대해준 주위 가족과 친구 그리고 선후배들 덕분에 다시 기력을 회복할 수 있었다.

안타깝게도 세상을 살아가는 우리 대부분은 '거꾸로' 하고 있는지도 모른다. 주위에 이별이나 갈등을 경험하는 수많은 심리적 교통사고 환자들에게 물리적 교통사고 환자들을 대하는 배려의 1/10조차 안 하니 말이다. 이제는 그것을 제자리에 되돌려 놓아야 한다.

이 책은 우리가 '거꾸로 해왔던 수많은 말과 행동들'을 조금이라도 제자리로 되돌려보려는 노력의 산물이다. 그런데 참 재미있다는 생각이 뇌리를 스친다. 글을 정리하다 보니 대부분의 내용들이 내가 지금까지 거꾸로 해왔던 것들이다! 심리학자는 자신이 가장 많이 실수하고 잘못하고 있는 분야를 연구해야 성공한다는 우스갯소리가 떠오른다. 필자가 가장 힘들고 애를 먹으며 실수하는 일들에 대한 일종의 자기 고백의 묶음이 바로 이 책이다.

심리학을 생활 속에서 실천하는 독자들의 건승을 빈다.

아주대 원천골에서 김경일

CONTENTS

나를 찾는
심리여행

2장

가슴이 시키는
일은 따로 있다

3장

정서적 판단이
중요한 이유

4장

선택의 순간과
심리적 함정

5장

상대를 사로잡는
소통의 한 수

1장

나를 찾는 심리여행

●●● 생각의 틀 바꾸기

새로운 환경에 첫발을 내딛는 대학 새내기들이나 신입사원들에게 자주 따라붙는 꼬리표가 있다. '어리버리하다'는 표현이다. 모든 게 낯설고 어색하다 보니 당연히 허둥대고 서툴수밖에 없다. 그러다가 대학 3학년이나 입사 4년차쯤 되면 특별히 신경 쓰고 굳이 마음속으로 되뇌지 않아도 자신이 해야할 여러 가지 필요한 행동들을 자연스럽게 하게 된다. 이쯤 되면 오히려 풋풋하고 신선했던 그때 그 모습이 다시 보고 싶다는 주변 반응이 나오기도 한다.

심리학 용어 중에 '도식 schema'이라는 말이 있다. 사전적으로는 '모든 사물을 일정한 형식이나 틀에 기계적으로 맞추려는 경향'을 뜻하고, 심리학자들은 '어떤 사람의 생각이나 행동이 조직화된 패턴'이라고 도식을 정의한다. 우리는 흔히 새로운 방식을 잘 시도하지 않는 사람에게 "일을 그렇게 도식적으로 처리하지 말라"고 꼬집곤 한다. 그렇다고 도식이 무조건 나쁜 것은 아니다. 우리가 살아가면서 무언가를 배운다는 것이 결국 도식을 만들어가는 것이기 때문이다. 쇼핑처럼 비교적 간단한 행위부터 직장에서 일을 처리하는 꽤 복잡한 무언가에 이르기까지 우리 인간은 살아가면서 수많은 도식들을 만들어간다. 이 도식은 만드는 데 일정 시간이 걸리지만 한 번 만들어놓으면 다양한 이점을 안겨준다. 어리버리했던 새내기와 신입사원이 노련하게 행동할 수 있게 되듯이 말이다.

그런데 도식이 형성되면 사람들은 이제 그 도식에서 좀처럼 벗어나지 않으려고 한다. 그래서 도식은 새로운 시도에 심각한 장해물이 되곤 한다. 새로운 슈퍼마켓이 생겨도 신상품이 나와도 또는 더 좋은 방법이 소개되어도 기존의 습관적 행동을 고집하는 것 역시 이 도식의 강력한 영향력 때문이다. 그러면 도식의 힘에서 쉽게 벗어나 과감히 새로운 시도를 하기 위한 방법은 없을까?

캐나다 맥길대학 심리학과의 로스 오토 Ross Otto 박사 연구진의 논문에 그 해답이 있다.[1] 연구진은 사람들에게 수백 개의 그림들을 몇 가지 종류의 화풍(종류)으로 분류하는 일을 시켰다. 처음에는 어려워하지만 계속해서 그 일을 하다 보면 개별 화풍에 대한 도식이 생겨 쉽게 그림들을 분류할 수 있게 된다. 재미있는 것은 정확히 이때부터 사람들이 특징이나 화풍이 많이 다른 종류의 그림들을 분류하는 일에 거부감을 보이기 시작한다는 사실이다. 어찌 보면 당연하다. 가뜩이나 힘들게 만든 도식 덕분에 이제 막 일이 쉬워진 마당에 그 이점을 마다하고 굳이 새로운 그림들을 분류하는 일이 좋을 리 없을 테니 말이다. 그래서 웬만큼 인센티브나 보상을 크게 해도 좀처럼 다른 그림들을 분류하는 일을 내켜 하지 않는다.

흥미로운 건 그 다음부터다. 연구진이 사람들에게 화풍을 구분하기 위해 사용한 도식을 '말'로 설명해보라고 요청했다. 이는 결코 쉬운 일이 아니다. 실제로 사람들은 대부분 서너 개의 간단한 문장으로밖에 자신의 도식을 설명하지 못했다. 머릿속에 있는 지식이나 판단 기준들은 훨씬 더 많을 테지만 이것들을 말로 일일이 다 표현한다는 것은 거의 불가능에 가깝기 때문이다. 그런데 신기하게도 이렇게 하고 나면 사람들은 새로운 일로 옮겨가는 것에 더 적극성을 보인다. 자신이 내뱉은 몇 개 되지 않는 단순한 규칙들을 보면서 지금까지 만들어온 도식이 별거 아니라고 생각하는 경향이 커지기 때문이다. 그 결과 사람들은 자신의 도식에서 좀 더 쉽게 벗어나 새로운 일들에 대한 거부감을 낮추게 된다.

새로운 일을 하기 전이라면 지금까지 심혈을 기울여 해온 것들, 즉 도식을 몇 개의 짧은 규칙으로 정의 내려보자. 새로운 일에 뛰어드는 마음의 준비가 훨씬 더 쉬워질 것이다. 일례로, 새로운 디자인으로 출시를 앞둔 자동차를 설계하기 전에 '자동차는 결국 바퀴 달린 이동수단이다'라고 아주 단순한 규칙을 강조하는 것이다. 실제로 스포츠 명장들도 새로운 도전을 하기 전에 자신이 지도하는 종목을 매우 단순하게 정의 내리며 선수들을 독려한다. 단, 지금까지 해왔던 일들을 계속 잘하기 위해서는 몇 개의 단순한 규칙들로 일과 대상을 정의해선 안 될 것이다.

사람은 DNA를 지닌 존재다. 하지만 우리가 어떤 사람을 보고 '아, 저것은 사람이다'라고 생각하게 만드는 근거는 그 대상이 DNA를 지니고 있기 때문이 결코 아니다. 걷고, 뛰고,

말하는 행위 등은 물론이고 이를 넘어서서 무언가 말로는 다 설명할 수 없는, 사람에 관한 분명한 생각의 틀을 우리는 갖고 있다. 그것이 바로 도식이다.

●●● 비판적인 사람이 비관적이라고 오해받는 이유

"비판적 사고와 비관적 예측을 혼동하지 말라"고 종종 얘기할 때가 있다. 이 둘을 혼동하는 사람이 실제로 굉장히 많기 때문이다. 비판적인 견해를 내비치는 사람들에 대해 미래를 보는 관점이 비관적이거나 부정적이라고 섣불리 단정 짓는다. 그런 생각은 필연적으로 객관적이고 신중한 사람들을 자기 주변에서 스스로 배제해나가거나 내쫓게 된다. 그러면 우리는 왜 비판적인 사람을 비관적이라고 쉽게 오해할까?

비판적 사고란 무엇인가? 대부분의 정의가 '주관적 의견보다는 사실에 기초해 타당한 대안을 선호하는 경향'을 공통적으로 포함한다. 즉 비판적 사고는 진실, 사실에 주요 관심을 두고, 원리와 원칙 등을 분석하는 것을 중심으로 한다. 그 반대적 성향은 사람과의 관계, 포괄적 의미나 대의명분 등을 더욱 중요시하는 것이다. 따라서 비판적 사고의 반대는 낙관도 비관도 아닌 주관적 사고다. 실제로 성격 검사에서 사용되는 문항들 역시 비판적 사고와 주관적 사고를 반대의 성향으로 보면서 위와 같은 속성들을 꼭 묻는다.

그렇다면 비판적 사고는 무엇인가? 앞날을 어둡게 혹은 부정적으로 예측하는 것이다. 더욱 중요한 점은 그 예측의 근거가 명확하지 않다는 것이다. 낙관적 사고에는 마찬가지다. 다만 그 끝이 어느 방향을 향하고 있는지만 다를 뿐이다.

이런 차이에도 불구하고 왜 우리는 비판적 사고와 비관적 예측을 동일시하려 드는 걸까? 비판적 사고에는 주관적 사고보다 판단에 더 많은 시간이 필요하다. 증거, 자료, 사실 등 하나하나 관심을 두고 생각해야 하기 때문이다. 펜실베이니아대학 와튼스쿨의 심리학자인 조셉 시먼스 Joseph Simmons 교수는 이럴 경우 인간은 직관적 자신감이 떨어져 비관론으로 이어지는 오류를 자주 범한다고 설명한다.

예를 들어보자. A라는 일이 쉽게 진행된다. 생각하기 쉽기 때문이다. 당연히 일의 진척 속도도 빠르다. 재미있는 것은 연이어 해야 하는(하지만 별 상관없는) B라는 일에 대해 낙관적인 기대가 생긴다는 점이다. 반대로 A가 어렵기 때문에 생각이 길어지고 속도도 느려지면 다음에 오는 B라는 일에 대해 비관적 기대가 생긴다. 중요한 회의가 있는 날 아침, 버스도 평소보다 일찍 오고 컴퓨터 부팅도 유난히 빠르며 복사기도 걸림 없이 잘 돌아간다. 그러면 회의에 들어가기 직전 '왠지 회의가 잘 풀릴 것 같다'는 느낌이 든다. 회의 전 경험했던 일들이 전혀 별개의 일임에도 불구하고 낙관적 기대를 갖는 것이다. 마찬가지 이유로, 늦는 버스와 먹통인 컴퓨터, 걸핏하면 용지가 걸리는 복사기를 경험한 뒤에 들어서는 회의실에서 사람들은 '왠지 불길하다'는 느낌을 받는다. 비관론이다. 이렇듯 낙관과 비관은 무관한 직전의 일이 어떻게 풀리는가에 강한 영향을 받는다. 그러니 더 긴 시간을 요하는 비판적 사고 이후 비관적 예측이라는 착각적 편향이 뒤따르는 것이다.

따라서 비판을 많이 하는 사람을 비관적인 사람이라고 착각하고 있지 않은지, 비판 없는 사람을 긍정적이라고 뭉뚱그려 생각하고 있지 않은지 찬찬히 생각해볼 일이다. 또한 강한 비판이나 낙관이 제기될 때는 그들이 직전에 경험한 '무관한 일의 원활함이나 더딤'에 영향을 받고 있을 수 있다는 점도 염두에 둘 필요가 있다.

●●● 백지보다 오답이 낫다

실수를 많이 해봐야 배우는 것도 많다고 한다. '아무리 그렇다 해도 실수는 죽어도 하기 싫어. 괜히 나섰다가 실수하느니 차라리 가만히 있는 게 낫지. 그러면 어쨌든 중간은 되지 않겠어? 나중에 제대로 배우면 되지.' 실수나 실패가 쉽사리 용납되지 않는 우리 현실 속에 만연한 생각이다. 분명히 잘못된 생각이다. 제대로 배우려면 실수를 제대로 해야 한다. 제대로 된 실수란 자신감 있는 실수다. 좀 더 구체적으로 말하자면 확신을 가지고 저지른 실수나 오답이 나중에 바로잡히게 되면 훨씬 더 오랫동안 기억에 남고 더 오래 지속된다. 즉 과감하고 자신 있게 틀려야 나중에 더 잘하게 된다.[2]

실수의 긍정적 측면에 관한 연구로 유명한 컬럼비아대학의 자넷 멧칼프 Janet Metcalfe와 리사 손 Lisa Son 교수 등이 진행한 간단한 실험을 통해 왜 그런지 알아보자.³ 사람들에게 문제를 내준다. 대부분의 사람들이 틀릴 수밖에 없는 어려운 문제다. 모르면 답을 쓰지 않아도 된다. 만일 답을 적었다면 자신이 적은 답에 얼마나 자신이 있는지 물어본다. 그리고 답에 대한 확신의 정도에 따라 상중하로 그룹을 나눈다. 답을 아예 쓰지 않은 그룹까지 포함해서 총 4그룹이다. 약간의 시간이 흐른 뒤 이 4그룹 모두에게 정답을 알려준다. 그리고 다시금 얼마의 시간이 흐른 뒤 그 정답을 얼마나 잘 기억하는지 관찰했다.

누가 정답을 가장 잘 기억해냈을까? 자신의 오답을 확신했던, 다시 말해 자신 있게 틀렸던 그룹이다. 시험문제가 아닌 다른 형태의 일에 있어서도 이러한 결과는 일관되게 관찰됐다. 즉, 일이든 공부든 자신 있게 틀린 경우 이후에 바로잡아준 지식이나 행동이 가장 잘 유지되었다. 그렇다면 아예 답을 하지 않은 경우에는 어떤 결과가 나왔을까? 시험으로 치자면 백지를 낸 것이고 일로 치자면 아무런 시도를 하지 않은 경우다. 이때는 바로잡은 정답이나 정확한 행동을 기억해내는 정도가 자신 있게 틀린 그룹의 절반에도 미치지 못했다.

밴더빌트대학의 리사 파지오 Lisa Fazio 교수는 이런 현상에 대한 이유를 잘못된 기억이나 생각이 바로잡힐 때 사람은 그 일에 훨씬 더 주의를 기울이기 때문이라고 설명한다.[4] 예를 들어, 아인슈타인의 고등학교 성적이 안 좋았다고 굴뚝같이 믿었던 사람과 그저 평범한 수준이었다고 어정쩡하게 믿었던 사람에게 '아인슈타인이 실제로는 우등생이었다'라고 사실 관계를 바로잡아줄 경우, 전자가 후자보다 그 사실을 훨씬 더 잘 기억하게 된다는 것이다. 전자는 "어? 그게 아니었어?"라고 하면서 눈과 귀를 훨씬 더 쫑긋 세우기 때문이다. 이를 주의의 포획 attentional capture 효과라고 한다.

실제로 자신감 있게 무언가를 저질러 약간의 실수를 한 이후에 훨씬 더 나은 성과를 보이는 현상들이 목격된다. 그러니 부담 없이 자신 있게 실수할 수 있는 심리적·물리적인 환경을 조성할 필요가 있다. 그 환경을 어떻게 만드느냐에 대한 답은 이미 앞에 나와 있다. 다시 할 수 있는 기회다. 그러면, 이런 자신감 있는 실수가 허용되지 않고 미지근한 시도나 혹은 그 시도조차 없는 상태에서 사람들에게 이른바 정답이 주어지면 어떻게 될까? '내 그럴 줄 알았다'는 생각이 자리를 잡고 무언가를 새롭게 배우려는 활력이 사라지게 된다.

●●● 우연한 사고일까, 예견된 사고일까

사람이 많을수록 갖가지 사건 사고가 발생한다. 전혀 예상치 못한 뜻밖의 사건 사고도 있다. 사건 사고 이후 그 원인에 대한 생각이 갈리면서 사람들 사이에 갈등이 악화되는 경우도 비일비재하다.

미국 노스캐롤라이나대학의 심리학자 로렌스 사나 Lawrence Sanna 와 유리나 스몰 Eulena Small , 그리고 서던 캘리포니아대학의 노버트 슈워츠 Norbert Schwarz 는 이와 관련된 의미 있는 실험을 통해 그 이유와 과정을 상세히 설명한다.[5]

사람들의 원래 예상은 A가 일어나는 것이다. 그런데 실제로는 B라는 결과가 나왔다. 그 뜻하지 않은 결과 B를 받아든 사람들에게 "만약 B가 일어나지 않고 예상대로 A가 일어나기 위해서는 어떤 요인들이 선행됐어야 하는가?"를 물었다. 절반의 사람들에게는 그 요인을 2가지만 쓰도록 했다. 당연히 어렵지 않게 적어나갈 것이다. 나머지 절반에게는 이 요인을 10개나 쓰도록 했다. 더 어려운 작업을 요청한 것이다. 실제로 이 사람들은 평균 8개 정도만 쓸 수 있었다.

이러한 조치가 생각의 중요한 차이를 유발했다. 그 요인을 2개만 적어내면 되는 그룹보다 10개를 생각해내야 했던 그룹이 B가 일어날 수밖에 없었던 확률을 더 높게 했다. 이유는 대략 이렇다. 2가지를 생각하기는 쉽다. 하지만 10가지나 생각하기는 어렵다. A에 관한 생각이 어려워지니 결국 B가 일어날 수밖에 없었을 것이라는 결론을 내린다는 것이다. 이런 현상을 'I knew it all along' 효과라고 부른다. 우리말로는 '내 결국 그럴 줄 알았다'는 것이다. 사실 그럴 줄 몰랐으면서 말이다. 왜 이런 차이가 발생했을까?

생각의 양이 지나치게 많아지고 결국 그 생각이 어려워지면 그것에 기반을 둔 사건이 일어날 것 같지 않다고 이차적인 생각을 한다. 인간은 어려운 것은 드물다고 가정하기 때문이다. 더 많은 요인(10개를 목표로 평균 8개)을 머리로부터 끄집어내놓고도 더 적은 수(2개)를 적어낸 사람들보다 생각의 과정이 어렵게 느껴지다 보니 자신이 생각한 일이 오히려 더 드물게 일어난다고 생각하는 것이다.

또 다른 경우다. 이번에도 마찬가지로 뜻하지 않은 B가 일어났다. 절반의 사람들에게는 B가 일어난 이유를 10개나 쓰게 했고 나머지 절반은 2개만 쓰게 했다. 그러자 전자의 경우 B가 발생할 수 있는 확률을 훨씬 더 낮게 추정했다. 이런 현상을 영어로 'It could never have happened' 효과라고 한다. '결코 일어나기 어려운 일인데 우연히 발생했다'고 생각하는 것이다. B가 일어날 수 있는 이유에 관해 더 많은 응답이 요구될수록 생각이 어려워지니 오히려 그 B가 실제로 발생확률은 낮지만 우연하게도 이번에 일어났을 뿐이라고 생각한 것이다.

더욱 놀라운 결과가 있다. 우리는 생각이 어려워질 때 어떤 표정을 짓는가? 대부분 미간을 찌푸린다. 별도의 실험에서 사람들에게 위의 A나 B에 대해 그 일이 일어나게 만들 수 있는 요인 5개를 쓰라고 했다. 2개와 10개의 중간이므로 너무 쉽지도 어렵지도 않았을 것이다. 그런데 어떤 사람들에게는 미간을 찌푸린 채 그 5개를 쓰라고 주문했다. 놀랍게도 찡그린 표정으로 답을 적어나간 사람들은 아무런 표정을 짓지 않은 사람들에 비해 자신이 생각하는 일이 실제로 일어날 확률을 확연히 낮게 추정했다. 생각의 내용보다도 그 생각이 얼마나 어려운가의 정도가 인간의 판단에 이렇게 엄청난 영향력을 미치는 것이다.

뜻하지 않은 실패가 발생할 수밖에 없는 이유는 많다. 하지만 그 원인에 대한 생각은 여러 사람이 하나씩 맡아서 해야 한다. 한 사람이나 한 기관이 여러 개를 하다 보면 결국 또 다른 불감증이 생겨난다. 그리고 피해의 당사자들이 요구하는 실패의 원인 규명에 있어 단순히 '이랬기 때문에 그 일이 발생했다'라고 답하면 된다고 생각하면 오산이다. '이랬더라면 이런 일이 일어나지 않았을 것이다'까지 제시되어야 한다. 그것이 진짜 진상규명이고 피해 당사자를 위한 생각이다.

●●● 창의와 혁신을 위한 최상의 인재 조합

시험 성적이 탁월한 상당수의 우수한 학생들이 평범한 학생들보다 오히려 더 어려움을 겪는 문제가 있다. 이른바 '정답이 없는 문제나 일'을 만났을 때다. 이 세상에는 정답이 없는 문제와 일이 더 많다. 여기서 주목할 것은 정답을 잘 찾게 만드는 동기와 심리 상태와 정답이 없을 때 대안을 잘 찾게 만드는 동기와 심리 상태가 다르다는 사실이다.

정답을 잘 찾도록 해주는 것은 이른바 수렴적 사고 convergent thought 능력이다. 이는 가장 적합한 해결책이나 답을 모색해나가는 사고방식으로 주어진 정보를 통해 적절하지 않다고 생각하는 것들을 재빨리 제거해 최종적으로 하나를 남기는 것이 핵심이다. 하지만 정답이 여러 개인 경우도 얼마든지 있다. 이 경우는 사실 정답이 없다고 보는 것이 더 정확한 표현일 것이다. 이때는 확산적 사고가 더 중요하다. 확산적 사고 divergent thinking 란 말 그대로 기존의 정답에서 이탈하여 다른 사람이 생각하지 못하는 새로운 대안을 떠올릴 수 있는 능력과 관련이 깊다.

중요한 것은 어떤 사람의 수렴적 사고 능력은 성격이나 성향적 요인과 큰 상관이 없다. 그것보다는 그 사람이 해당 영역의 일에 대해 얼마나 많이 훈련받았느냐에 주로 좌우된다. 해당 과목의 연습문제를 많이 풀어본 학생이 자기 분야에 대한 숙련도가 높고 경험이 많은 직장인이 여기에 해당된다.

하지만 확산적 사고 능력은 상당 부분 그 사람의 성향과 관련이 있다. 예를 들어, 확산적 사고 능력을 주로 측정하는 것으로 알려져 있는 토렌스 Torrance 검사 결과는 상당 부분 개방성이나 외향성 같은 성격과 상관이 있는 것으로 나온다. 그렇다고 개방적이고 외향적인 사람이 무조건 더 창의적이라고 오해하면 곤란하다. 《콰이어트》의 저자 수잔 케인 Susan Cain 은 아인슈타인, 쇼팽, 고흐, 스필버그, 워런 버핏 등 수많은 창의적 인재가 내성적인 이유에 관해 잘 설명해준다. 이들은 즉각적으로 행동하거나 결론 내리려 하지 않고 관찰하고 사색하면서 장시간 어떤 문제에 집중하는 경향이 있기 때문에 결국에는 창의적 결과에 도달할 수 있었다. 좀 더 심리학적으로 설명하자면 이런 사람들은 생각에 대한 욕구 Need for Cognition 가 높다. 그러니 성급하게 결론에 도달하지 않을뿐더러 설익은 결과에 만족하지 않는다.

이 이야기를 종합해보면 꽤나 재미있는 결론에 도달할 수 있다. 나를 비롯해 창의와 혁신에 관심 있는 대부분의 연구자들은 확산적 사고와 수렴적 사고가 각각 더 중요한 시점이 따로 있다고 말한다. 무언가 창의적이면서도 쓸모 있는 결과를 위해서는 먼저 확산적 사고 과정을 통해 새롭고 독창적인 아이디어를 생성해야 한다. 그 다음 수렴적 사고를 촉진시켜 새롭게 생성된 아이디어들 중에서 적절하고 실현 가능한 것들을 선택해내야 한다.

그렇다면 어떤 프로젝트를 진행하는 과정에서 외향적이고 개방적인 사람들이 투입될 최적의 시점은 언제이고 해당 영역에 대한 훈련과 경험의 양이 많은 사람들이 필요한 최적의 시점은 언제일까? 각각 일의 초반부와 후반부다. 이런 일의 모든 과정에 걸쳐 중심이 되는 사람들은 누구일까? 생각에 대한 욕구가 많은 사람들이다. 외향적이고 개방적이어서 확산적 사고의 시작에 유리한 사람들, 생각에 대한 욕구가 강해 얼핏 보면 내향적일 수도 있는 사람들, 성향은 불분명하지만 전문성이 높은 사람들. 이 세 유형의 사람들이 전반부, 모든 단계, 그리고 후반부에 각각 적절하게 배치된다면 창의와 혁신을 위한 가장 이상적인 조합이 만들어진다.

창의적인 사람들에 대한 흔한 오해 중 하나가 이기적이라는 것이다. 페이스북 창립 과정을 그린 영화《소셜 네트워크》에서도 기발한 창업 아이디어를 처음 내놓은 마크 주커버그는 이기적이고 독단적인 태도로 인해 주변과 자주 불화를 일으키는 인물로 그려진다. 과연 창의적인 사람들이 협동이나 관계에 대해서는 보통 사람들보다 관심이 훨씬 덜 할까? 아닐 가능성이 더 높다. 오히려 정반대일 수도 있다.

위스콘신대학 경영대의 행동과학자 에반 폴만 Evan Polman 교수는 이와 관련된 흥미로운 실험 연구로 유명하다.[6] 폴만 교수 연구진은 사람들에게 발상의 전환이나 창의적인 아이디어가 필요한 몇 가지 일을 시켜봤다. 예를 들면, 옥탑에 갇혔을 때 탈출하는 문제라든지 지구상에 존재하지 않는 생명체를 만들어내는 것 등이다. 그리고 실험에 참여한 일부 사람들에게는 자신과 여러모로 다른 '타인들을 위해' 그 문제를 해결한다고 생각하게 한 뒤 일을 시켰다.

결과는 놀라웠다. 자신을 위해 문제를 해결하려고 한 사람들보다 타인을 위한 문제 해결에 노력을 기울인 사람들 쪽이 훨씬 더 다채로운 발상을 통해 창의적인 아이디어를 많이 생산해낸 것이다. '나를 위한 일이 아니라 남을 위한 일'을 할 때 왜 사람들은 더 창의적으로 생각할 수 있는 것일까?

이유는 바로 일상과 고착으로부터의 탈피에 있다. 창의적으로 문제를 해결하는 과정에 결정적으로 작용하는 요인은 발상의 전환이다. 그리고 발상의 전환을 위해서는 다른 무엇보다도 익숙한 방식이나 기존의 관점으로 문제를 바라보는 행태에서 벗어날 필요가 있다. 이때 타인을 위한 관점을 가져보는 것은 그 벗어남에 있어서 아주 강력한 효과를 발휘한다. 익숙한 나로부터 벗어날 수 있게 해주기 때문이다. 실제로 많은 IT기업에서 나오는 혁신은 나 혹은 내 부서가 아닌 타인 혹은 타 부서를 위한 아이디어를 수용해 출발하는 경우가 허다하다. 타 부서의 경우, 일을 잘 이해하고 있으면서도 현재 주어진 이해관계나 고정관념의 속박으로부터 훨씬 쉽게 벗어날 수 있기 때문이다.

그럼에도 불구하고 우리는 공익과 창의를 구분하고 창의적인 사람이 조직의 분위기나 질서를 해칠 가능성이 높다고 생각한다. 안타까운 오해가 아닐 수 없다. 창의적인 사람은 남을 위한 생각을 할 줄 아는 이타적인 사람들에 속할 가능성이 높다. 그런 면에서 이타심을 기르는 것은 한국 문화에서 더더욱 중요하다. 실제로 일리노이대학의 잭 곤칼로Jack Goncalo 교수 연구진은 한국처럼 관계를 중요시하는 문화에서는 '새로운 것을 만들라'고 대놓고 개인의 창의성을 강요하는 지시보다 '무언가 사람들이 요긴하게 쓸 만한 것을 만들라'는 지시가 훨씬 더 창조적인 것을 잘 이끌어내는 현상을 관찰해 왔다.[7] 이는 무엇을 의미하는가?

상생과 갈등의 수용이 필요한 우리 문화에서는 구성원들이 서로를 위한 생각을 할 수 있게끔 여건을 조성해주는 지혜가 무엇보다도 필요하다는 것이다. 남을 위한 마음을 가질 때 창조와 혁신이 가속화된다. 그리고 상생과 혁신은 결코 다른 말이 아니다. 결국 같은 의미다.

••• 부장님의 아이디어가 식상해지는 이유

조직 안에서 혁신과 창의를 가장 주저하는 집단은 누구일까? 많은 경영자들이 내게 던지는 질문 중 하나다. 하지만 이 질문은 사실 좀 수정할 필요가 있다. '자신의 위치가 어디라고 생각할 때 창의와 혁신을 위한 첫 걸음 떼기를 가장 주저할까?' 그리고 '무엇 때문에?'라는 질문이 추가되어야 한다.

기존 연구들에 의하면 일반적으로 사람들은 조직 위계상 가장 낮거나 높은 위치에 있을 때에 비해 중간 정도에 위치해 있을 때 가장 편안하게 느낀다고 한다. 군이 언급할 필요가 없을 정도로 흔하게 목격되는 현상이다. 하지만 왜 그렇게 느끼는가에 관한 설명은 심리학자들도 제대로 하지 못해왔던 것이 사실이다. 또한 그 편안함이 어디에서 기인하는지 그리고 그 상태가 언젠가는 깨질지도 모른다는 걱정이 무슨 결과를 야기하는지에 대해서도 우리는 무지했다.

하지만 워싱턴대학의 미첼 두귀드 Michelle Duguid 와 일리노이대학의 잭 곤칼로 교수는 일련의 실험 연구를 통해 이런 현상에 관한 굉장히 흥미로운 이야기를 들려준다.[8] 연구진은 실험 참가자들에게 "당신은 어떤 조직에 속해서 주어진 문제를 해결할 것입니다"라고 알려준 뒤 그들을 다시 세 그룹으로 나누었다. 그리고 그 세 그룹 각각에게 "당신은 그 조직에서 OO에 배치될 것입니다"라고 일러주었다. 그 OO는 하부/중간/상부 중 하나다. 다시 말해 자신이 조직의 말단, 중간 혹은 최상단 중 하나에 위치할 거라고 사람들이 생각하게 만든 것이다. 이후 연구진은 세 그룹의 사람들에게 창의적인 아이디어를 만드는 동일한 일거리를 부여했다.

결과는 매우 흥미로웠다. 흔히 책임이 별로 주어지지 않는 말단이나 어깨가 무거운 리더가 창의성이 가장 떨어지리라고 예상하지만 결과는 정반대였다. 자신이 조직의 중간에 배치되었다고 생각한 사람들이 아이디어의 수와 참신성 모두에서 가장 저조한 성적을 보였다.

연구진은 그 이유를 좀 더 알아보기 위해 한 가지 조건이 더 추가된 후속 연구를 진행했다. 이번에는 사람들이 일을 시작하기 전에 "당신이 한 것을 누군가가 평가할 것입니다"라고 알려주었다. 그런 다음 사람들이 '회피나 손실' 혹은 '접근과 성취'와 관련된 단어들에 어떻게 반응하는가를 측정했다.

결과는 명징했다. 자신이 중간 계급에 속해 있다고 생각한 사람들이 손실에 가장 민감한 반응을 보였다.

이 실험 결과는 조직의 중간 계층에 있는 사람들이 변화를 꺼리고 가장 복지부동한 태도를 보일 수밖에 없는 이유를 어느 정도 설명해준다. 현재의 지위든 봉급이든 손실에 대한 걱정이 가장 큰 집단이기 때문이다. 이전 연구들에서도 유사한 결과들이 다수 발견된다. 현재의 지위를 잃을 수도 있다는 걱정을 실험적으로 유발시켰더니 중간 계급에 있는 사람들은 좁고 수렴적인 일에 초점을 맞춰 잘하는 경향을 보였다. 그 반대급부로 창의적인 업무 수행력은 당연히 떨어졌다.

여기서 핵심은 일반 사원과 중간 관리자의 평가 체계가 달라질 필요가 있다는 것이다. 말단인 신입사원 때와 동일한 형태의 평가를 받을 경우 중간 관리자들은 훨씬 더 많은 걱정으로 인해 창의성이 급격히 떨어질 공산이 크기 때문이다. 대부분 사람들은 일에 익숙해지고 능숙해질 때 즈음 조직의 중간에 위치하게 된다. 이때 나태해질 것을 경계하는 질타의 목소리가 그들에게 집중되기 십상이다. 그러면 그들은 더더욱 손실 걱정을 많이 하게 되고 이로 인해 창의적이고 새로운 시도를 줄이게 된다. 그렇기에 조직의 중간자들에게는 처벌보다 보상 위주의 평가 체계를 적용해볼 필요가 있다.

●●● 창의적인 사람 만들기

'창의성은 타고 나는가, 아니면 만들어지는가?' 많은 이들이 궁금해하고 묻는 질문이다. 창의적인 사람이 따로 있다기보다는 같은 사람이라도 창의적인 상황에 놓여 있는가의 여부가 더 중요하다.

이를 잘 보여주는 실험이 있다. 그 대상이 초등학생이든 대학생이든 대부분 동일한 결과를 보여준다. 한 교실에 있는 같은 연령의 학생들에게 15개의 물체를 준다. 물체들은 직육면체 혹은 원통형 등 우리가 흔히 볼 수 있는 모양이다. 구부러진 바늘 모양처럼 독특한 형태의 물체도 있다. 이 제각각으로 생긴 15개의 물체들을 쥐어준 뒤 어떻게 말해주는가에 따라 사람을 지극히 평범하게 만들 수도 있고 엄청나게 창의적으로 만들 수도 있다.

먼저 지극히 평범하게 만들려면 이렇게 이야기하면 된다. 수단과 목표를 다 알려주는 것이다. 예를 들어, "이 15개의 도형 중에서 5개를 골라 새롭고 신기한 걸 만들어보세요"라고 하면 사람들은 결코 특이한 물체를 집지 않는다. 직육면체, 원뿔, 원통 같은 무난한 물체들을 5개 선택한 뒤 무언가를 만들기 시작하고 그 결과 역시 무난하다. 집이나 기차 같은 것들을 만들어내는 것이다.

다른 반에 들어가서 이번에는 수단과 목표를 분리시킨다. 이렇게 이야기하는 것이다. 먼저, "마음에 드는 5개를 아무거나 고르세요"라고 하면 학생들은 무난한 물체와 특이한 물체들을 골고루 선택한다. 그제야 이렇게 이야기한다. "이제 자신이 고른 5개의 물체를 가지고 새롭고 신기한 것을 만들어보세요." 학생들은 당황해한다. 예상치 못했던 목표를 부여받았기 때문이다. 심지어 어떤 학생들은 "그럼 이걸로 뭘 할 건지 미리 말씀을 해주셨어야죠"라고 볼멘소리를 하기도 한다. 하지만 투덜거리면서 학생들이 만들어낸 작품들은 첫 번째 경우보다 더 창의적이다.

이제 학생들을 보다 더 창의적으로 만들어보자. 이번에는 목표를 먼저 물어본다. "새롭고 신기한 걸 만든다면 무얼 만들고 싶나요?"라고 말이다. 별의 별 재미있는 아이디어들이 속출한다. 그 이야기들을 다 듣고 난 뒤에야 학생들에게 그 15개의 물체들을 제시한다. 그러고서 "여러분이 말한 것들을 여기 있는 15개의 도형을 가지고 만들어보세요"라고 말한다. 학생들은 당황스러워 하며 어처구니없다는 표정을 짓는다. 그런데 이 학생들이 만들어낸 결과물들에는 심사위원들이 놀라워할 정도로 창의적인 것들이 부지기수로 많다.

이는 무엇을 의미하는가? 명확하다. 창의적인 사람과 그렇지 않은 사람의 차이보다 훨씬 더 큰 차이가 어디에서 관찰되느냐이다. 바로 상황의 차이다. 같은 사람이라도 창의적일 수 있는 상황과 평범한 결과물을 내놓을 수밖에 없는 상황이 존재한다. 그리고 그 핵심은, 방법이나 수단처럼 쉽게 인식할 수 있는 것들보다 목표나 결과물에 대한 자유로운 생각을 우선시해야 한다는 점이다. 창의성이 부족하다고 푸념하기 전에 창의적인 생각을 할 수 있는 상황을 먼저 만들어볼 일이다.

●●● 자신의 능력에 대한 초심자와 숙련자의 예측

우리말에는 말이 있다. 심리학적으로도 상당히 근거 있는 말이다. 이를 잘 보여주는 아주 유명한 연구가 있다. 미시간 대학의 데이비드 더닝 David Dunning 과 뉴욕대학의 저스틴 크루거 Justin Kruger 라는 두 명의 심리학자가 진행한 재미있는 실험이다. 이들은 대학생들에게 문법, 추리, 독해 등 다양한 분야의 과제를 내주고 자신의 수준(등수)이 얼마나 될지를 예측하게 했다. 결과는 흥미로웠다. 어떤 분야든 능력이 크게 부족한 사람(초심자)은 자신의 수준을 실제보다 매우 높게 추정한 반면 매우 뛰어난 사람(전문가)은 오히려 실제 자기 수준보다 약간 더 낮게 추정하더라는 것이다. 이러한 현상을 더닝-크루거 효과 Dunning-Kruger effect 라고 한다.[9]

초심자는 자신에 대해 왜 이런 터무니없는 평가를 내리는 것일까? 간단하다. 자신이 무엇을 모르는지를 모르기 때문이다. 실수를 해놓고서도 자신이 실수를 범한 줄조차 모르니 자신감이 떨어질 리 만무하다. 이를 두고 더닝과 크루거 교수는 두 사람의 명언을 인용한다. "무지는 지식보다 더 확신을 가지게 한다"는 찰스 다윈의 말과 "이 시대의 아픔 중 하나는 자신감 있는 사람은 무지한데, 상상력과 이해력이 있는 사람은 의심하고 주저한다는 것이다"라는 버트런드 러셀의 명언이다. 다시 말해 '무식하면 용감하고 유식하면 조심스럽다'는 말이 틀리지 않은 셈이다.

하지만 더닝-크루거 효과가 언제나 옳지는 않다. 다시 말해 '무식해서 더 정확할 수 있으며 유식하기 때문에 더 부정확한 판단을 할 수도 있다'는 것이다. 그리고 이러한 역설의 중심에는 '그 일이 얼마나 어려운 것인가'라는 새로운 변수가 있다. 미시간대학교 캐서린 버슨 Katherine Burson 교수 연구진은 이를 잘 보여주는 후속 연구를 진행했다.[10] 이들은 사람들에게 다양한 과제를 부여함과 동시에 각 과제의 난이도에도 역시 변화를 주었다.

그 결과, 일이 그다지 어려운 것이 아닐 때는 더닝-크루거 효과가 관찰됐다. 초심자가 과대한 확신을 보인 것이다. 그리고 난이도가 중간 정도일 때는 초심자와 전문가 모두 자신의 수준에 대한 예측이 비슷한 정도로 정확했다. 그런데 매우 어려운 일을 시켜보니 더닝-크루거 효과와는 정반대의 양상이 관찰됐다. 자신의 수준에 대한 전문가의 예측이 가장 부정확했던 것이다. 전문가들은 자신들의 실제 수준보다 훨씬 더 비관적인 예측을 했다. 반대로 초심자는 자신들의 수준을 오히려 더 정확하게 예측했다.

매우 어려운 대학 입학시험을 치르고 난 뒤 평소 성적이 높은 학생의 이러한 비관적 예측은 크게 문제될 게 없다. 하지만 현대 사회의 조직이라면 평상시에 늘 하던 쉬운 일을 넘어서서 어렵기 때문에 도전해야 하고 모험해야 하는 일을 지향해야 할 것이다. 이런 모험과 도전에 있어 비관적 예측은 도움이 될 리 없다. 그리고 어려운 도전과 모험일수록 숙달된 전문가들이 오히려 '해 봤자 될 리 없다'는 비관적 예측을 하는 모습을 우리는 더 자주 본다. 능력 없는 사람의 착오는 자신에 대한 오해에 기인하지만, 능력이 있는 사람의 착오는 다른 사람과의 비교가 지나치기 때문이다.

이는 특히 이 시대의 조직들에게 어떤 메시지를 던져줄까? 지금 시작하려고 하는 것이 모험적 도전이라면 평상시에 하던 쉬운 일이 분명 아닐 것이다. 그렇다면 첫째, 그 분야를 잘 아는 전문가들이 필요 이상으로 비관적일 수 있음을 명심

해야 한다. 둘째, 그 도전의 미래에 관한 예측을 조직의 신참 내기들에게도 반드시 시켜봐야 한다.

●●● 라이벌 의식이 약이 될 때와 독이 될 때

라이벌의 필요성이나 역할을 강조하는 강연과 책이 많다. 학교나 직장에서는 학생이나 직원이 더 적극적으로 움직이도 록 하기 위해 없는 라이벌을 만들어 자극하기도 한다. 이런 라이벌 의식이 정말 모든 경우에 전적으로 긍정적인 힘을 발휘하는 것일까? 아닌 경우도 얼마든지 있다. 실제로 중요한 라이벌 전에서 평소 기량도 발휘하지 못해 게임을 그르치는 경우가 허다하지 않은가? 단순히 요즘 흔히 말하는 멘탈이 약해서 그런 것일까? 아니다. 사실은 그리 간단하지 않다. 심리학자들은 이 라이벌 의식이 우리에게 어떤 영향을 미치는가에 관해 다양한 연구들을 해왔다. 그리고 라이벌이 필요한 상황과 오히려 역효과를 일으키는 경우를 대비해 제시하고 있다.

버지니아대학의 벤저민 컨버스 Benjamin Converse 교수 연구진은 라이벌을 강조하는 것이 어떤 생각을 이차적으로 유발하는가를 잘 보여준다.[11] 그리고 이것이 어떤 종류의 일을 잘하고 못하게 만드는 데 있어 상당한 차별적 영향력을 지닌다는 점을 실험으로 입증하고 있다. 이들의 연구를 통해 라이벌에 관한 심리학적 의미와 기능을 좀 더 구체적으로 알아보자.

라이벌 의식을 자극한다. 당연히 어떤 상대와의 경쟁을 강조해야 한다. 이러한 상황을 조성하면 이른바 업적 관심 legacy concern 이 상대적으로 더 강하게 자극된다. 업적 관심이란 자신이 현재 하고 있는 일들이 미래에 어떻게 기억되는가에 관한 관심, 더 나아가 걱정을 의미한다. 반면, 같은 일을 하더라도 라이벌을 설정하지 않고 경쟁을 자극하지 않으면 업적 관심은 크게 상승하지 않는다.

자, 그러면 상승된 업적 관심은 어떤 일에 더 적합하고 유익한 효과를 발휘할까? 컨버스 교수 연구진은 사람들에게 가장 좋아하는 미식축구 NFL 팀을 고르라고 했다. 당연히 그 팀의 최고 라이벌 팀도 있을 것이다. 어떤 사람들에게는 그 라이벌 팀을 이기기 위한 전략을 짜보라고 한다. 다른 사람들에게는 라이벌에 상관없이 리그에서 강한 4개의 팀을 이기기 위한 전략을 짜보라고 한다. 그리고 그 차이를 관찰했다. 이후 다양한 방법을 통해 라이벌 의식이 고취된 상태와 그렇지 않은 상태에서 사람들이 취하는 전략과 각각 잘하는 일들을 관찰해보았다.

두 경우의 차이는 매우 극명하게 갈린다. 라이벌 의식이 자극될 경우 첫째, 수비적이기보다는 공격적인 일에 더 효과적이다. 다시 말해 없는 것을 가지기 위한 일에는 적합하지만 있는 것을 빼앗기지 않기 위한 일에는 오히려 역효과가 나타난다. 둘째, 잠시 유보하고 기다려야 하는 것보다는 달려나가야 하는 일에 적합하다. 즉 라이벌 의식이 자극되면 '잠시 숨죽이고 차분히 기다려보자'라는 의견보다는 '내친 김에 ○○까지 치고 나가보자'라는 의견이 더 큰 호응을 받는다는 것이다. 게다가 실제로도 그런 일에 더 좋은 수행능력을 보인다. 셋째, 순간적인 에너지를 내는 일에 더 좋은 결과를 보이며 오랫동안 지속적으로 해야 하는 일에는 조심성이 떨어져 오히려 역효과가 난다.

종합해보자. 이러한 차이가 나는 데는 앞서 말한 업적 관심이 큰 요인으로 작용한다. 그 관심이 커지면 공격, 달려 나가기, 순간적 힘내기 등에 힘을 쏟게 되어 좋은 결과를 가져오기 쉽다. 하지만 그 반대인 수비, 기다리며 지켜보기, 심사숙고하며 안정감 있게 일하기 등에는 오히려 독이 될 수 있다.

우리 대부분에게는 각자 나름의 라이벌이 있다. 그리고 실험에서 알 수 있듯, 그 라이벌을 의식상에 떠올려 채찍질해야 더 잘 되는 일이 있고 오히려 그러면 낭패를 보는 일도 있다. "자신과 사랑에 빠진 사람은 라이벌이 없다 He that falls in love with himself, will have no rivals ." 벤저민 프랭클린의 말이다. 결국 명언이 될 수도 있고 오히려 독이 될 수도 있는 말인 셈이다.

●●● 속도냐, 정확도냐

목표 설정은 중요하다. 많은 사람들은 목표를 어떻게 정할지 고심한다. 그런데 목표 설정 과정에서 중요한 점 하나를 놓치고 있는 것 같아 안타까울 때가 종종 있다. 목표는 대개 미래의 일로 간주하지만, 결국 그 목표는 과거로부터 현재에 이르기까지 자신의 욕구나 질문에 대해 스스로가 만들어낸 대답이다. 예를 들어, "OO을 해내자"라는 목표는 "OO을 내가 할 수 있나?" 혹은 "OO이 정말 필요하다"라는 질문과 요구에 스스로가 대답한 결과다. 그렇기 때문에 이 대답의 형태를 살짝만 바꿔줘도 자신감과 역량을 보다 지혜롭게 다스릴 수 있다. 자, 그렇다면 어떻게 해야 할까?

결론부터 말하자면, 속도와 정확도 어느 것을 목표로 삼고 중점을 두느냐에 따라 우리는 전혀 다른 생각을 하게 된다. 왜 그런지 한번 알아보자. 사람들에게 어떤 과제를 언제까지 할 수 있느냐고 물어보면 대부분 실제로 자기가 마칠 수 있는 시점보다 더 앞당겨서 그것도 자신 있게 대답을 한다. 낙관적 기대 때문이다. 누군가 강력한 인센티브를 내걸고 그 완성날짜를 더 앞당기려고 하면 사람들은 훨씬 더 용감해진다. 그 요구에 부응하는 것 같은 착시현상도 동반된다. 물론 대부분 그 날이 제대로 지켜지지 않는다. 낙관이 만들어낸 그 거품만큼 말이다. 그런데 어떤 일을 얼마나 정확하게 제대로 할 수 있냐고 물으면 사람들의 대답은 훨씬 더 신중해진다. 그 일의 구체적인 결과에 대해 보다 정확한 상상을 하기 때문이다.

실생활에 그런 예는 무궁무진하다. 시험을 본 학생에게 시험을 잘 치렀냐고 묻는 것과 시험문제 40개 중 몇 개를 맞혔는지 물어보는 것은 전혀 다른 반응을 이끌어낸다. 전자의 질문에 대해 아이들은 대뜸 잘 본 것 같다고 대답한다. 하지만 후자의 질문에 아이들은 생각을 좀 더 오래 한다. 그러고는 25개 혹은 31개 등 훨씬 더 꼼꼼하게 생각을 해본 후 자신의 추정치를 대답한다. 그리고 그 추정치는 첫 번째 형태의 질문을 받은 아이들보다 더 냉정하게 하향 조정된 수치다. 본인도 나중에 결과를 받아 들고 덜 혼란스러워 한다. 왜냐하면 전자는 자신감 판단을 묻는 것이고 후자는 그야말로 빈도 판단을 묻는 것이기 때문이다. 그런데 시험 결과는 빈도로 나온다. 그러니 자신감이 아닌 빈도를 물어야 더 호환성이 높아진다. 과도한 자신감은 이런 식으로 조절할 수 있다.

공부가 아닌 일에 있어서도 '언제까지 ○○하면 인센티브를 받는 사람들'은 과도한 자신감으로 인해 낙관적 편향을 보인다. 낙관적 편향이란 목표 달성에 필요한 일과 시간의 양을 과소평가하여 '충분히 그때까지 할 수 있다'는 착각을 통칭한다. 다시 말해 자신감은 일의 양을 과소평가하게 만든다. 왜 그럴까? 속도가 생각에 중심을 잡으면 과거의 경험 중 실패의 오랜 기억들이 무시되고 현재의 진행 속도가 앞으로도 유지될 것이라는 좁은 시각을 지니게 되기 때문이다. 하지만 예를 들어, "정확도 99.5% 이상의 부품을 만들자"는 질적인 목표를 받은 사람은 낙관적 착각에 빠질 가능성이 줄어든다. 현재의 정확도가 여전히 그 목표에 미달되면서 현재 진행형인 실패를 계속 경험하고 있기 때문이다. 그래서 이번에는 오히려 의기소침을 조심해야 한다.

목표는 대부분 두 가지 형태다. '언제까지'와 '얼마나 잘'이다. 자신감을 높이기 위해서는 전자를 어떻게 설정할 것인가를, 차분하게 일에 집중하려면 후자를 어떻게 조절할 것인지를 세심하게 고려해야 한다.

●●● 순환적 세계관 vs. 직선적 세계관

주식을 해본 사람이라면 거의 모두가 하게 되는 고민이 있다. '어떤 주식에 관심이 있는데 그 주가가 떨어지고 있다.

이제 반등할 때가 되었으니 살 것인가 아니면 더 떨어질 수도 있으니 좀 더 기다릴 것인가?' 같은 맥락이지만 상반되는 고민도 있다. '보유하고 있는 주식의 주가가 오르고 있다. 이제 차익을 실현하기 위해 팔 것인가 아니면 좀 더 기다려 더 큰 이익을 볼 것인가?' 사실 이런 식의 고민은 투자와 회수, 전진과 후퇴, 모험과 안정 추구 등 거의 모든 부분에서 피할 수 없는 것들이다.

재미있게도 여기에는 흥미로운 문화적 차이가 존재한다. 그리고 이는 단순한 문화적 차이를 넘어, 지금 내가 어떤 생각을 더 강하게 가지고 있느냐에 따라 쉽게 빠질 수 있는 심리적 함정을 어느 정도 파악할 수 있게 해준다.

캐나다 퀸스대학 지리준 Ji Li-Jun 교수와 북경대학 장지용 Zhang Zhiyong 교수 연구팀은 매우 흥미로운 연구를 진행했다.[12] 이들은 서양인과 동양인 그룹으로 사람들을 묶어 캐나다와 중국 대학생들에게 언제 주식을 매도 혹은 매수할 의향이 더 큰지 물어봤다. 캐나다 학생들은 하락장에 더 많이 매도하고 덜 매수하려는 경향이 상대적으로 더 크게 나타났다. 하락장에선 주가가 더 떨어질 것이라고 예측했기 때문이다. 그런데 중국 학생들은 상승장에서 더 많이 매도하고 덜 매수하려는 경향이 더 강하게 나타났다. 상승 추세가 향후 꺾일 것이라고 예측했기 때문이다. 더욱 놀라운 것은 이러한 경향이 두 나라에서 활동 중인 경력 3~4년 정도의 주식 거래 전문직 종사자들에게서도 유사하게 나타났다는 것이다.

왜 이런 현상이 일어나는 것일까? 연구자들의 해석은 이렇다. 일반적으로 서양의 관점은 직선적 세계관이다. 지금까지 특정 방향으로 가는 것은 앞으로도 그럴 확률이 높고 증가 혹은 감소하는 것 역시 앞으로도 그런 추세를 보일 것이라는 생각을 의미한다. 반대로 동양적 세계관은 순환적이라고 보통 이야기한다. 쉽게 말하자면 새옹지마塞翁之馬 다. 지금 좋아지거나 나빠지고 있는 무언가는 조만간 나빠지거나 좋아지는 반대의 추세를 보일 것이라는 생각이다. 그러니 주식 매도와 매수에 있어서 동서양의 문화차가 관찰된 것이다. 물론 연구자들의 해석이고 추론이지만 상당히 근거 있어 보인다.

중요한 점은 이러한 직선적 혹은 순환적 세계관이 그 문화의 전형적인 동기 상태를 반영한다. 인간의 기본적 동기 중 접근 동기는 바람이나 소망을 취하고자 하는 욕구를 의미하며 회피 동기는 싫어하거나 무서워하는 것을 피하거나 막아내고자 하는 욕망이다. 기존 연구들을 종합하면 접근 동기가 강한 사람과 문화는 직선적 세계관을 상대적으로 더 강하게 드러낸다. 이러한 경향은 나쁜 일이 지속될 때보다는 좋은 일이 계속될 때 더 강하게 유지되는 것으로 관찰된다. 반면, 회피 동기가 더 강한 쪽은 순환적 세계관을 더 중요시하는 경향이 있다. 이 역시 좋은 상태가 지속될 때 더 강하게 나타난다.

그렇다면 이는 무엇을 의미할까? 무언가를 취하고자 하는 강한 욕구를 지닌 사람은 현재의 좋은 상태가 계속될 것이라는 과대한 낙관을 지니기 쉽다. 그러니 과도한 모험을 조심해야 한다. 반면 무엇인가를 피하고자 하는 욕구가 강한 사람은 현재의 상태가 조만간 끝날 것이라는 예상 하에 필요 이상의 소극적 자세로 현재의 투자를 줄일 가능성이 크다. 물론 정답은 없다. 하지만 미래를 예측할 때 그 예측에 얼마나 큰 편향이 존재하는가를 확인하는 중요한 잣대로 활용해볼 만한 내용이다. 지금 내가 무엇을 가지려 하는 욕구가 더 강한지 아니면 무언가를 피하려 하는 경향이 더 큰지를 먼저 살펴보면 미래를 필요 이상으로 낙관 혹은 비관하는 실수를 줄일 수 있다.

2장

가슴이
시키는 일은
따로 있다

●●● 사람에게 받은 상처의 응급치료

직장인들에게 무엇이 가장 어렵고 힘든지 물어보면 대부분 그 원인은 '일' 자체가 아니라 '사람'에 있다. 동료나 상사와의 갈등, 부하직원과의 마찰 등 어떤 조사를 봐도 대부분 함께하는 사람들과의 관계 속에서 가장 큰 고통과 어려움을 느낀다. 심리학자들의 의견도 크게 다르지 않다. 사람이 살아가면서 가장 큰 상처와 고통은 대개 사람으로부터 받는다.

그럼 사람과 관련된 어려움을 원천적으로 막는다는 것이 가능할까? 삶의 경험이 조금이라도 있는 사람이라면 아예 불가능하다는 것을 알 수 있다. 그렇다면 타인과의 관계 속에서 큰 상처나 고통을 받은 사람들을 위해 일차적으로 해줄 수 있는 게 있다면 무엇일까? 여러 가지 방책이 있겠지만 여기에서는 그중 간과하기 쉽지만 정말로 중요한 측면 하나를 생각해 보자.

소중한 사람과의 이별이나 동료와의 갈등 등 관계 속에서 받는 고통을 심리학에서는 사회적 고통 social pain 이라고 한다. 이게 실제로 굉장히 아프다. 우리는 이럴 때 가슴이 아프다고 한다. 사실 가슴이 아니라 뇌가 반응한 결과인데 말이다. 한편, 문지방에 발을 찧어서 엄지발가락이 까졌거나 넘어져서 무릎에 생채기가 심하게 났다. 이는 모두 물리적이며 신체적 고통 physical pain 이다. 이것도 당연히 매우 아프다. 이럴 때는 가슴이 아니라 상처가 난 그 부위가 아프다고 말한다. 하지만 이것 역시 그 부위 자체가 아프다기보다는 우리 뇌에서 통증을 해석하고 있다. 결국 어떤 형태의 고통이든 뇌에서 그 고통을 느낀다. 재미있는 사실은 사회적 고통과 신체적 고통 모두 뇌의 반응 영역이 대체로 동일하다는 것이다.

자, 그렇다면 재미있는 추리를 한번 해보자. 신체적 고통을 느낄 때 우리는 어떤 조치를 취하는가? 진통제를 먹는다. 그리고 그 진통제는 상처 부위 자체를 치료하는 것이 아니라 뇌에서 그 고통을 담당하는 영역을 진정시킨다. 그렇다면 사회적 고통을 느낄 때 우리가 흔히 복용하는 진통제를 먹는다면 그 고통이 덜해질까?

놀랍게도 사실이다. 이를 입증하는 연구들도 실제로 상당수 존재한다. 대표적인 예를 하나만 들어보자. 미국 켄터키 주립대학의 나탄 드월 Nathan DeWall 교수 연구진은 이별 등의 사회적 고통을 경험한 사람들에게 타이레놀과 같은 진통제를 3주간 지속적으로 복용케 했다. 그 결과 진통제 복용 집단은 같은 기간 아무것도 복용하지 않은 집단이나 위약 placebo 을 복용한 집단보다 고통과 관련된 감정을 훨씬 덜 지각하는 것으로 나타났다.[13] 놀라운 결과다. 신체적 고통과 마찬가지로 사회적 고통 역시 진통제로 완화될 수 있다니 말이다.

여기서 우리는 어떤 의미를 찾아볼 수 있을까? 타인과의 관계에서 받은 상처로 아파하는 사람에게 우리가 해줄 수 있는 중요한 응급조치 중 하나는 바로 평소보다 신경 써서 몸을 편안하게 해주는 것이다. 일단 먼저 진통제를 투여해야 한다. 그 진통제가 바로 신체적 편안함이다. 그리고 난 후에야 그 상처나 고통을 본격적으로 치유하거나 봉합할 수 있다. 큰 사고로 응급실에 실려 온 환자에게 진통제부터 투여하고 치료를 시작하듯, 사람에게 받은 상처로 고통을 호소하는 사람에게는 즉각적인 상처 치료보다 신체적 배려가 우선될 필요가 있다.

●●● 사고뭉치의 재발견

풍선에 펌프로 공기를 주입한다. 풍선이 점점 더 부풀어 오른다. 첫 번째 펌프질로 0.25달러, 두 번째 펌프질로 0.5달러, 그리고 세 번째는 0.75달러, 이런 식으로 돈을 받을 수 있다. 공기를 많이 주입할수록 받는 돈의 액수는 커진다. 그렇지만 마냥 펌프질을 해댈 수는 없다. 언젠가는 터질 테니 말이다. 만일 풍선이 터지면? 당연히 받는 돈의 액수는 크게 줄어든다. 결국, 받는 돈의 액수를 극대화하려면 펌프가 터지기전 최적의 순간에 멈춰야 한다. 이때 간이 작은 사람들은 펌프질을 너무 일찍 멈출 것이고 간이 큰 사람들은 풍선이 터질때까지 펌프질을 계속할 가능성이 크다. 그러니 최고로 많은 돈을 가져가는 사람은 풍선이 터지기 직전까지 충분히 펌프질을 계속할 용기와 무작정 펌프질을 해서 풍선이 터지는 것을 방지할 조심성이 있어야 한다.

이 둘을 모두 갖춘 사람이 있을까?

스탠포드대학의 캐트린 험프리 Kathryn Humphrey 박사와 UCLA의 스티브 리 Steve S. Lee 교수 등은 이를 '감각추구 성향 플러스알파'로 설명한다.[14] 감각추구 성향 sensation seeking tendency 은 심리학을 비롯한 사회과학에서 굉장히 많이 연구된 성격 요인이다. 이 성향은 일상적인 생활과 일에서 벗어나려는 경향을 의미한다. 따라서 다양하고 새로우며 복잡한 감각이나 경험을 추구하려는 욕구와도 관련이 있다.

이 성향이 높은 사람들은 주위환경과 사물에 더 많은 관심을 가지고 직접 시도하려는 노력을 기울이는 편이라 발상의 전환과 혁신은 물론이고 도전적 모험에 적합하다. 물론 위험한 행동이나 무모한 모험을 하는 경우도 흔하다. 실제로 많은 연구에서 비행이나 범죄, 난폭운전과 같은 다양한 위험 행동이 이 성향과 관련된 것으로 관찰된다. 흔히 우리는 이런 사람들을 '적극적으로 나서는 사람'으로 간주한다. 여기에는 당연히 빛과 그림자가 공존한다. 긍정적인 측면은 적극적으로 먼저 치고 나간다는 것이다. 부정적인 부분은 '그러니 사고를 친다'라는 말을 듣기 십상이라는 점이다.

감각추구 성향이 높은 사람이 위험한 행동을 더 많이 하는 경향이 있음은 분명하다. 실제로 풍선 실험을 해봐도 지나친 펌프질로 풍선을 터뜨리기 일쑤다. 그런데 흥미로운 점은 이 성향이 높으면서 동시에 플러스알파에 해당하는 또 다른 측면을 지닐 경우 가장 좋은 결과를 얻더라는 것이다. 그 플러스알파가 바로 연합 민감도associative sensitivity 다. 현재 하고 있는 일과 무관한 것에도 생각이 미치는 영향력을 말한다. 좀 더 쉽게 말하면 넓게 보고 생각하는 능력이다.

그런데 감각추구 성향이 상당부분 타고난 천성이라 잘 변하지 않는 반면 연합 민감도는 최근 어떤 환경에서 주로 생활했는가에 따라 그 정도가 좌우된다. 그리고 감각추구 성향과 연합 민감도가 모두 높은 사람은 위험이 뒤따를 수밖에 없는 일에 최적인 인물이 된다. 높은 감각추구 성향이 모험을 시작하게 만들고 폭넓은 사고가 모험에 빠져드는 상황을 스스로 조절하기 때문이다. 그렇다면 감각추구 성향이 낮은 사람들은? 폭넓은 사고를 의미하는 연합 민감도의 영향을 거의 받지 않는다. 연구 결과를 종합해보면 최악도 최고도 아닌 그 중간 어딘가에 대부분 위치한다. 즉 고만고만한 사람들이다.

그러면, 감각추구 성향이 높은 탓에 새로운 일에 적극적으로 뛰어들다 못해 도가 지나쳐 사고를 치는 사람들을 우리는 대개 어떻게 다룰까? 일반적으로 좀 더 조심하라고 다그치거나 더 작은 범위의 일에 가두려고 한다. 하지만 역설적이게도 이들로 하여금 좀 더 폭넓게 사물이나 현상을 바라볼 수 있도록 여건과 시간을 제공해주면 스스로 최적의 지점을 찾아 최고의 능력을 발휘할 수 있다. 그런 사람들에게 섣불리 사고뭉치라는 딱지를 붙여 일정한 선 안에 가두기 전에, 좀 더 멀리 보고 폭넓게 생각할 수 있는 기회와 시간을 먼저 배려해보는 게 어떨까.

●●● 성격과 능력의 함수관계

심리학자로서 무척 많이 받는 질문 중 하나가 '어떤 성격의 사람이 리더에 적합한가요?' 식의 질문이다. 얼마 전에도 어떤 분께 이런 질문을 받았다. "창의적인 사람은 어떤 성격을 지니고 있나요?" 한마디로 '성격과 능력'의 함수관계를 묻는 것이다. 그런데 실망스럽게도 또 한편으로는 다행스럽게도 성격과 능력은 큰 관계가 없다. 21세기에 가장 중요한 역량 요인이라고 일컬어지는 리더십이나 창의성 역시 성격과의 연관성은 크게 높지 않다. 성격과 역량의 근본적인 측면을 들여다보면 그 이유를 의외로 쉽게 알 수 있다.

성격이란 무엇인가? 학문적으로 정확한 정의를 굳이 하지 않더라도 '어떤 사람을 다른 사람과 구분 짓게 만드는 안정적이고 잘 변하지 않는 특성'을 의미한다. 여기서 우리는 '안정적이고 잘 변하지 않음'에 주목해야 한다. 다시 말해 상황이나 여건이 변해도 고집스럽게 유지되는 특징이 성격이다.

그런데 창의성이나 리더십과 같은 역량의 본질에는 무엇이 있을까? 사람과 상황 그리고 주어진 일의 변화에 따라 적극적이고 능동적으로 대처해나가는 것이 핵심이다. 따라서 변하지 않는 측면인 성격이 변화무쌍함을 골자로 하는 대처 능력인 리더십과 창의와 상관이 높지 않다는 것은 지극히 당연하다.

실제로 MBTI(일상생활에 활용할 수 있도록 고안된 자기보고식 성격유형지표), Big-5(행동과 판단 성향을 가장 잘 구분하는 성격 특징을 5개 요인으로 나누어 측정하는 검사) 등 일반인들에게도 꽤나 익숙한 성격 관련 측정치들과 역량과의 상관성은 낮다.

그런데도 우리는 왜 성격과 능력을 자꾸 연결시키려 할까? 하나씩 떼어놓고 보면 다 맞는 말처럼 보이기 때문이다. 개방성 openness 이 높은 성격의 사람이 창의적이라는 연구 결과는 꽤 많다. 하지만 내향적인 사람이 창의적 결과를 더 많이 내놓는다는 연구들도 무시할 수 없을 만큼 많다. 그렇다면 왜 이런 단편적인 생각들이 난무하고 심지어는 서로 상충하는 경우까지 있을까?

리더십과 창의성이라는 것을 이루는 구성요소들은 무수히 많다. 따라서 어떤 성격적 측면이 강하다면 역량의 구성요소 중 하나에 유리할 수도 있다. 하지만 다른 구성요소에는 오히려 방해가 될 수도 있다. 그래서 성격의 우열보다는 그 성격에 적합한 메시지가 그 사람에게 전달되는가 여부가 다양한 역량에서 우열의 차이를 가르곤 한다.

좋은 예를 하나만 들어보자. 개인주의적 성격이 강한 사람은 '새로운 것을 만들어내라'라고 했을 때 창의적 결과물을 내놓는 경우가 많다. 자기 개인을 새로운 것을 통해 부각시킬 수 있는 동기가 강해지기 때문이다. 하지만 사회성이 강한 사람들은 오히려 '새로운 것'이라는 주문을 받을 때 큰 부담을 느낀다. 새로운 것은 기존과 다른 것이고 기존의 것을 위반하는 일은 사회적으로 부담이 크기 때문이다. 재미있는 것은 사회성이 강한 사람들은 '다른 사람에게 도움이 되는 것을 만들라'고 하면 창의적인 결과물을 더 잘 내놓는다는 점이다. 다시 말해 성격에 따라 창의적인 결과물을 내놓는 데 있어 각기 다른 유형의 메시지와 경로를 거치는 것뿐이다.

성격은 결코 그 사람이 어떤 일을 잘할지 여부에 대한 황금잣대가 될 수 없다. 다만, 각자의 성격에 따라 어떤 메시지가 전달되느냐가 능력 발휘에 더 중요한 영향을 미칠 수 있다. 자, 그럼 내가 자주 받곤 했던 질문을 이에 맞춰 수정해보자. "OO씨는 XX한 성격인데, 리더십을 잘 발휘하도록 하려면 어떤 주문이나 메시지를 전달해야 할까요?"

"죽어도 안 바뀌는 게 사람이야!" 흔히 듣는 말이다. 반대로 이런 말도 한다. "사람은 굉장히 쉽게 변해. 심지어 간사하다는 생각이 든다니까." 어느 말이 맞을까? 아니 더 정확하게는 어느 말이 어떤 경우에 맞는 것일까?

사람에게 있어 잘 변하지 않는 것은 지능과 성격이다. 이 둘은 아무리 늦게 잡아도 20세를 넘어서면 일생 동안 잘 변하지 않고 지속된다. 여기서의 지능은 일의 숙련도를 의미하지 않는다. IQ, 기억력, 연산능력, 사고 스피드와 같은 기초적인 개별 인지능력을 말한다. 이런 능력은 노화가 진행되면서 일반적으로 약간씩 저하되는 경향은 있지만 크게 변하는 경우는 거의 없다. 그래서 IQ와 같은 지능검사를 고등학교 때까지는 받지만 성인이 되면 받는 경우가 거의 없는 것이다. 안 변하니 굳이 다시 검사할 필요가 없다. 성격은 두 말할 필요 없다. 학창 시절 친구들을 수십 년 후 동창회에서 만나면 대부분 성격은 그대로다. 놀라울 정도로 말이다. 그래서 성격과 능력을 굳이 입에 올리진 않더라도 우리는 '사람은 변하지 않는다'는 말을 그리도 많이 하고 살아간다. 이 둘까지 바꾸려면 그야말로 상당한 시간이 필요하다.

동창회 이야기가 나온 김에 좀 더 생각을 해보자. 정말 오랜 만에 만난 동창들 중에 사람이 확 바뀌었다는 느낌을 주는 친구들이 있다. 그리고 이때 우리는 그 친구들을 만난 후 흔히 큰 성공을 해서 혹은 일이 지독히 안 풀려서라는 식으로 그 바뀌었다는 느낌의 이유를 말한다. 하지만 심리학자들의 수많은 연구들을 종합해보면 그 변화의 근본적 원인은 결국 자존감 self-esteem 으로 귀결된다. 이는 말 그대로 자신을 존중하고 사랑하는 마음이다. 자존감은 자신의 능력과 한계에 대해 스스로 어떻게 생각하는지에 대한 그 사람의 전반적인 의견이기 때문에 중요하며, 역경을 이겨내고 성취를 이뤄낼 수 있다는 확신과 직결된다. 동창회에서 무언가 확 바뀌었다는 느낌을 주는 친구들에게서 우리가 보고 있는 것은 결국 그 친구의 변화된 자존감이다. 그 방향이 상승이든 하강이든 말이다.

물론, 자존감이 높다고 무조건 좋은 것은 아니다. 타인을 무시하고 아집과 독선에 빠지기 쉽기 때문이다. 하지만 적절한 정도로 자존감을 높게 유지할 수 있다면 자신을 소중히 여기면서도 다른 사람들과 긍정적인 관계를 지속할 수 있다. 작은 실패나 역경에도 유연하게 대처할 수 있다. 반면에 자존감이 약하면 열등감에 빠져들기 쉽다. 자신의 관점이나 기준이 없으니 남의 시선과 평가에 전전긍긍하게 되기 때문이다.

그렇다면 자존감에 가장 결정적 영향을 미치는 외부 요인은 무엇일까? 칭찬과 격려다. 어떤 자존감 연구를 찾아봐도 한결같다. 그런데 칭찬과 격려를 단순하게 생각하면 안 된다. 자존감을 높이는 진정한 칭찬은 정확한 칭찬이다. 그리고 결과보다는 노력에 초점을 맞춘 칭찬이다. 전자는 결과를 만들어낸 진짜 이유에 주목하게 하므로 바둑으로 치자면 질 좋은 복기에 가깝다. 후자의 순기능은 일의 성패 여부에 관계없이 다음 일에도 긍정적 자세로 뛰어들게 하는 원동력이 되어준다는 점이다.

이 두 원칙을 지키지 못한 칭찬은 오히려 장기적으로는 자존감에 악영향을 끼친다는 것이 대부분의 연구 결과들이 내놓는 의미심장한 결론이다. 지나치게 높거나 낮은 자존감이 대체로 이런 어리석은 칭찬의 과정을 거쳐 만들어진다. 영국의 천문학자 존 허셸의 명언 '자존이야말로 모든 미덕의 초석이다'는 결국 무슨 뜻일까? 자신을 적절히 사랑할 수 있는 사람이 다른 구성원들과 협동의 미덕을 발휘할 수 있다는 뜻이다. 그러기 위해선 품질 좋은 칭찬을 해야 한다. 정확히 무엇을 칭찬해야 하는가와 결과가 아닌 노력도 충분히 칭찬하고 있는가를 되돌아볼 일이다.

●●● 근거 없는 자신감에 대하여

한쪽에선 '자신감'을 강조하고 또 다른 쪽에선 '자만심 경계' 주의보가 울린다. 도대체 어쩌라는 건지 혼란스럽다. 자신감과 자만심 모두 '그 일이 될 것이라고 미리 확신하는 것'을 의미하기 때문이다. 그런데 정확히 말하자면 이 둘은 원인이라기보다는 일이 모두 일어난 이후에 하는 사후해석에 더 가깝다. 즉 똑같이 확신에 차 있는 상태라 하더라도 이후에 성공하면 자신감, 실패하면 자만이라 불린다. 그러니 둘 간의 사후 구분보다는 사전에 느끼는 확신이 도대체 무엇이며 그 역할에 관해 더 구체적으로 알아볼 필요가 있다. 아무리 좋은 약이라도 만병을 치료할 수 없을뿐더러 잘못 쓰면 오히려 병을 악화시키는 것처럼, 확신 역시 우리 생각보다 훨씬 더 많은 경우 생각과 행동을 망치기 때문이다.

펜실베이니아대학의 조셉 시몬스 Joseph Simmons 교수와 UC 버클리 하스대학의 리프 넬슨 Leif Nelson 교수는 심리학자이지만 경영학 분야에서 더 유명하다. 사람들의 자신감이 어디에서 기인하고 그 자신감이 어떻게 엉뚱한 측면에까지 영향을 미쳐 선택과 결정을 망치는가를 기업, 스포츠 등 현장에서 실제로 보여주는 연구를 해왔기 때문이다. 이들은 다소 우습기까지 한 자신감의 역효과를 잘 보여준다.[15] 그들이 한 재미있는 실험 연구 몇 가지만 살펴보자.

사람들에게 프로야구 경기에서 어느 팀이 이길지 예측하게 한다. 그 예측과 동시에 얼마나 그 예측을 확신하는지, 즉 자신감의 정도도 체크한다. 재미있는 것은 그 경기 시간을 알려주면 자신의 예측에 대한 확신이 갑자기 높아진다는 점이다. 게다가 처음에 내렸던 결정을 바꿀 기회가 생겨도 처음의 선택을 계속 고집하는 경향도 증가한다. 이는 비합리적인 현상이다. 경기 시간을 안다는 것은 경기의 승패를 예측하는 데 별 상관이 없는 정보다. 있다 하더라도 두 팀에 동일하게 적용되는 조건이다. 그런데도 무언가를 더 알게 되어 경기 장면에 대해 좀 더 구체적인 상상(낮 또는 야간 경기)이 가능해지면 자신의 예측도 더 적중하리라는 근거 없는 자신감이 생긴다.

더 어처구니없는 차이도 얼마든지 조장할 수 있다. 예를 들어, 두 팀의 전력을 분석한 A4 한 장 분량의 내용을 또렷하게 인쇄해 빨리 읽을 수 있게 하거나 다소 흐리게 해서 읽기 어렵게 한 경우에도 자신의 선택에 대한 자신감에 있어서 전자가 20% 이상 더 높았다. 빠르게 읽든 천천히 읽든 내용은 동일한 정도로 기억했는데도 말이다. 무언가를 시작할 때 초반에 쉽고 빠르게 할 수 있다는 것은 이렇게 근거 없이 부풀려진 확신을 지닌다.

이것이 직관적 자신감이다. 초반에 직관적 자신감을 가지게 되면 이후의 많은 일들을 낙관적으로 바라본다. 더욱 놀라운 것은 꼼꼼히 혹은 정확하게 하면 돈을 더 주겠다는 인센티브를 제시해도 결과가 바뀌지 않는다. 이는 무엇을 의미할까?

무언가 잘 될 것 같다는 생각이 드는 순간 바로 멈춰 서야 한다. 그리고 돌아봐야 한다. 방금 전에 그 일과 무관한 몇 가지 소소한 일들이 쉽게 처리되진 않았는지 말이다. 만일 그렇다면 부풀려진 낙관주의에 빠질 확률이 높고, 훗날 실패의 원인을 돌아보며 지금 이 순간의 확신을 자만이라 지목하게 될 가능성이 크다. 반대로 무언가 잘 되지 않을 것 같다는 생각이 든다면 좀 더 지켜보자. 무관한 다른 일들이 더디게 풀린 탓에 과다한 비관주의에 빠져 있을 수도 있기 때문이다. 이 경우 미래에 마주하는 실패를 지금의 자신감 부족 때문이라며 후회할 수도 있다.

이런 현상을 좀 더 적극적으로 이용해보는 것도 얼마든지 가능하다. 충분한 근거를 바탕으로 자신 있게 시작한 일인데 도중에 확신이 서지 않아 고민이라면, 그 일과 무관한 소소한 일들 중 쉽고 빠르게 잘할 수 있는 일'을 한번 해보라. 그 힘은 의외로 크다. 현재의 자신감은 미래에 대한 근거 없는 예측을 낳기도 하지만, 없는 힘을 만들어낼 수도 있는 묘약이 되기도 한다.

●●● 간이 작은 사람들의 위험 감지 능력

'간이 작은 사람'이라는 표현이 있다. 조심성이 지나쳐 자칫 소심해 보일 때가 많고 도전적이거나 모험적인 상황에 적극 뛰어들지 못하는 사람을 일컫는다. 이런 사람들을 심리학에서는 속성 불안 state anxiety 이 높다고 한다. 불안이란 무엇인가? 걱정스럽거나 초조하여 마음이 편안하지 않음을 의미한다. 당연히 위험이 뒤따르는 일이나 대상 앞에서 가슴 두근거림과 심장 떨림 증상이 더 심할 수밖에 없다. 그리고 속성이란 그 사람의 잘 변하지 않는 일반적 성향으로 속성 불안이 높거나 낮다는 것은 평균적으로 다른 사람들에 비해 더 높거나 낮은 불안을 대부분의 경우 보인다는 것이다. 그러니 속성 불안이 높은 사람은 우리가 흔히 말하는 간이 작은 사람들임에 틀림없다. 그리고 우리는 이런 사람들이 모험적이고 도전적인 일에 적합하지 않다고 생각한다. 과연 이 생각은 언제나 옳을까?

서호주대학의 심리학자 라이스 노트베르트 Lies Notebaert 박사와 캐나다 워털루대학의 맥레오드 Colin MacLeod 교수는 이와 관련된 매우 재미있는 연구 결과를 발표했다.[16] 이들은 다가올 위험(큰 소리나 충격)을 그 크기와 확률을 변화시키면서 사람들의 반응을 관찰했다. 예를 들어, '90데시벨의 매우 큰 소리가 발생할 확률이 40%다' 혹은 '60데시벨의 웬만큼 큰 소리가 발생할 확률이 80%'와 같은 식이다. 그리고 이 위험의 크기와 발생 확률은 매번 다양하게 변화된다. 사람들에게는 세 번의 위험마다 한 번의 기회가 주어진다. 그 기회는 이른바 '패스'다. 다시 말해 '패스'를 통해 안전하게 그 위험을 비켜갈 수 있다. 세 번마다 한 번만 기회가 주어지니 첫 번째에 이 기회를 쓰면 뒤이어 오는 두 번째와 세 번째의 위험에는 속수무책이 된다. 사람들은 총 108회의 위험을 만나게 된다. 그러니 위험을 제거할 기회는 108 나누기 3으로 총 36번이다.

사람들이 이 36번의 기회를 가장 정확하게 쓰는 것은 어떤 경우일까? 일단 가장 간단하고 명확한 경우를 보자. 낮은 확률의 작은 위험에는 결코 기회를 쓰지 말아야 한다. 높은 확률의 큰 위험을 만났을 때 그 기회가 필요하기 때문이다. 즉, 확률과 위험의 크기에 따라 기회 사용이 적절해야 한다. 다음으로 조금 더 복잡한 경우를 보자. 큰 위험이라도 일어날 확률이 낮거나 작은 위험이라도 발생 확률이 높은 경우다. 이럴 때 확률보다 위험의 크기에 민감한 사람들은 발생 확률이 낮더라도 위험의 크기가 크면 기회를 써버릴 것이다. 또한 확률에 집착하는 사람이라면 작은 위험에도 기회를 써버릴 것이다. 결국 이 둘 모두 미래의 더 큰 난관에 대비할 기회를 잃고 만다.

흥미로운 점은 속성 불안이 높은 사람들, 즉 '간이 작은 사람들이' 그 불안이 낮은 '간 큰 사람들'보다 더 현명(정확)했다. 이들은 높은 확률의 큰 위험을 만났을 때는 거의 예외 없이 기회를 사용했다. 이는 당연한 듯 보인다. 그리고 낮은 확률의 낮은 위험을 만났을 때 역시 가장 정확했다. 기회를 쓰는 경우가 가장 적었다는 뜻이다. 간이 작은 사람들은 오로지 단 한 경우에만 간 큰 사람들보다 기회를 더 많이 소모하는 부정확성을 보였다. 낮은 확률의 큰 위험을 만났을 때다. 기회를 대부분 허무하게 소진한 것이다. 이는 무엇을 의미하는가?

첫째, 간이 작은 사람들은 비관론자가 아니다. 비관론자는 결과 크기의 정도와 무관하게 결과 발생 확률에 민감한 사람들이다. 간이 작은 사람들은 나쁜 결과의 심각성에 민감하지 그 확률에 언제나 과민반응하지 않는다. 둘째, 우리가 간이 작은 사람들의 가치를 폄하하는 과정은 상당부분 특정한 경우만 기억해서일 가능성이 높다. 낮은 확률의 큰 위험은 실제로 발생하는 경우가 드물다. 하지만 간이 작은 사람들은 그 위험에 반응하고 경고한다. 그러니 양치기 소년 같은 취급을 받고 그 점이 부각돼 기억된다. 하지만 낮은 확률의 작은 위험에는 오히려 더 정확하다. 그리고 이 정확함의 결과는 대부분 별 탈 없음과 기회의 보존이다. 그런데 아무 일 없었으니 기억되지는 않는다. 셋째, 간이 작은 사람들에게는 결과의 심각성부터 경감시켜줄 필요가 있다. 그러면 이들은 '낮은 확률의 큰 위험'을 '낮은 확률의 작은 위험'으로 볼 수 있고, 가장 정확하게 그 위험에 대처하며 기회를 적재적소에 쓰게 된다. 앞장서서 결과를 책임져줄 사람이나 함께 짊어져줄 사람만 곁에 있다면 간이 작은 사람들은 이런 정교한 메커니즘을 거쳐 정확하게 도전하고 모험할 수 있다.

●●● 무관심 바이러스

사람들의 행동은 타인에게 강한 영향을 미친다. 이타적인 행동을 하는 사람들을 주위에서 보면 남을 도우려는 경향이 강해지며 공격적인 행동을 보이는 사람들 틈에서 어느새점점 더 난폭해지는 것은 굳이 심리학자의 이론을 통하지 않더라도 상식적으로 잘 알 수 있는 사실이다. 그 이유는 무엇일까? 사람은 은연중에 자신과 가까운 거리에 있는 타인들과목표를 공유하려는 경향을 지니기 때문이다. 심지어는 그 타인들이 잘 모르는 사람일 경우에도 마찬가지다. 한 마디로 무의식적이고 자동적이다. 마치 바이러스가 전염되는 것처럼말이다.

그렇다면 무관심도 마찬가지로 사람들 사이에 전염될까?답은 'Yes'와 'No' 모두 가능하다. 그리고 어떤 경우에 'Yes'혹은 'No'인지는 우리에게 중요한 교훈을 알려준다. 네덜란드 호로닝언대학의 심리학자 폰터스 린더 Pontus Leander 교수는최근 매우 흥미로운 실험 결과를 발표했다.[17] 린더 교수는 학생들에게 어려운 유추문제를 냈다. 이 문제를 풀기 전에 매우 짧은 시간 동안 무관심한 표정의 사람들 혹은 무언가를 열심히 하고 있는 사람들의 사진을 보여주었다. 그 결과는 매우 흥미로웠다. 학점이 높은(공부에 몰입을 잘하는) 학생들은 어떤 사진을 봤건 간에 문제를 푸는 데 차이가 없었다. 하지만 학점이 낮은(공부에 몰입이 약한) 학생들은 어떤 사진을 사전에 봤느냐에 따라 점수에 확연한 차이가 났다. 무관심한 모습이 담긴 사진을 살짝 봤을 때 훨씬 낮은 점수가 났다. 시간도 훨씬 덜 썼다. 한 마디로 성의가 더 부족했다는 의미다. 그런데 더욱 재미있는 것은 화, 슬픔, 분노 등 다른 모든 사진들에 비해 무관심한 사진을 봤을 때가 가장 낮은 점수가 나왔다는 점이다. 사진을 통해 모르는 사람들의 무관심한 모습을 아주 잠깐 보는 것만으로도 이 정도 차이가 나타나는데 현실 세계에서 동료나 주위 사람들의 무관심한 모습이 끼치는 영향력은 오죽하겠는가.

중요한 사실 하나가 더 발견됐다. 자신이 하려는 일에 열중 혹은 무관심한 타인의 사진을 본 이후 그 일에 대한 본인의 동기의 강약에 따라 업무 수행에 큰 차이가 나타났다. 그 일에 뛰어들고자 하는 동기가 약한 사람은 무관심한 타인의 모습이 담긴 사진을 본 뒤 더욱 그 일을 하고자 하는 의욕이 약해졌다. 반면 그 일에 대한 동기가 강한 사람들은 정반대의 경향을 보였다. 이들은 무관심한 표정의 사진을 보고 난 뒤 더욱 그 일에 많은 시간을 들이고 일을 더 잘 수행했다. 더 자극되었기 때문이다.

어떤 일에 뛰어들 동기가 약하고 주저하는 사람에게 타인의 무관심은 그 일을 포기할 수 있는 좋은 구실이 된다. 실제로 그 무관심을 '거 봐. 이 일은 하지 않는 게 좋겠어'라고 해석한다. 하지만 그 일에 몰입할 준비가 확실히 되어 있는 사람들은 무관심에 더 큰 자극을 받는다. '아, 이 일은 내가 아니면 안 되겠구나!' 하는 생각을 한다. 어떤 일에 대한 동기는 사람마다 확연한 개인차가 있을 수밖에 없다. 그러니 동기가 별로 유발되지 않아 주저하는 사람에게 "너밖에 할 사람이 없다"라든가, 동기가 강한 사람에게 "우리 모두가 이 일에 매진하고 있다"라는 식의 미스매치가 일어나지 않는지 살펴볼 일이다.

한 가지 팁을 덧붙이자면, 어떤 일에 대해 주저하는 사람에게는 굳이 따로 불러서 그 일에 대해 강조해봐야 별 소용이 없다. 그보다는 얼마나 많은 사람들이 그 일의 가치를 공유하고 관심을 갖고 있는지 느끼도록 해주는 게 좋다. 따라서 대화보다는 저변과 분위기가 더 잘 먹힌다. 대화도 1대 1보다는 다대 1의 형태가 좋다. 반면, 뛰어들 용의가 충만한 사람의 경우 따로 불러서 "이 일엔 네가 중요하고 너를 믿는다"라고 직접적으로 말해주는 편이 좋다. 모호하고 추상적인 분위기보다는 구체적인 대화가 일을 더 열정적으로 추진하도록 만든다.

●●○ 케이크 믹스가 잘 팔리지 않았던 이유

모든 일에는 그 일에 적절하다고 생각되는 노력의 양이 있다. 그리고 그 일의 양을 제대로 가늠하지 못하면 일에 대한 흥미, 즉 동기가 유발되지 않을 뿐만 아니라 있던 열의도 사그라질 수 있다. 듀크대학의 유명한 심리학자 댄 애리얼리 Dan Ariely 교수는 사람들에게 동기를 부여하는 게 얼마나 쉬운지, 그리고 동시에 그 동기를 없애버리는 것 역시 얼마나 간단한지 잘 보여주는 연구를 한다. 다음은 그가 자주 소개하는 일화 중 하나다.

1940년대 미국에서 있었던 일이다. 당시 주부들이 집에서 일일이 케이크를 만드느라 많은 시간과 노력을 들이고 있음에 착안한 기업들은 번거로운 과정이 필요 없는 케이크 믹스를 판매하기 시작했다. 덕분에 주부들은 가루를 그릇에 담아 물을 부어 섞은 뒤 오븐에 넣기만 하면 손쉽게 케이크를 만들 수 있었다.

그런데 소비자들의 반응은 예상외로 차갑기만 했다. 회사들은 맛, 향, 혹은 제품 형태에 문제가 있는가를 꼼꼼히 점검하고 개선했지만 판매량은 좀처럼 나아지지 않았다. 그런데 그들 중 누군가가 황당한 아이디어를 내놓았다. 궁극적으로는 신의 한 수가 된 아이디어였다. 문제는 바로 케이크를 만들기가 너무 쉬워졌다는 데 있었다. 손님들이나 가족에게 그 케이크를 대접하면서 "내가 만들었어요"라는 말을 할 수가 없었던 것이다. 주부들에게는 그 말이 너무나도 중요한 말이었다. 이에 대한 해결책은? 케이크 믹스에서 우유와 달걀 성분을 빼버렸다. 우유 적당량과 달걀을 추가로 넣어야 하기 때문에 주부들은 약간의 수고를 감수해야 했다. 게다가 섞는 일 역시 덤으로 추가됐다. 그제야 신기하게도 케이크 믹스가 팔리기 시작했다.

자, 이제 '조립'이라는 불편함을 소비자들에게 떠넘긴 이케아IKEA 가구들이 왜 그리도 전 세계적으로 인기가 있는지 대략 짐작이 가능해진다. 사람들은 자기 집에 들여놓은 이케아 가구에 대해 마치 자신이 처음부터 전부 만든 것인 양 자랑스럽게 무용담을 늘어놓는다. 실제로 상당한 시간을 들여 직접 조립을 했으니 양심에도 거리낄 것이 없다. 결국 사람들은 더 열심히 일할수록, 자신들이 한 일을 더욱 좋아하게 된다.

하지만 이 대목에서 당연히 해봐야 할 고민이 하나 더 있다. 요즘의 케이크 믹스에는 당연히 달걀과 우유가 들어 있다. 그리고 우리나라에서도 이케아 가구의 인기는 상당하지만 다른 나라에서 예전에 볼 수 있었던 것만큼 엄청나지는 않다. 왜일까? 너무나도 상식적인 대답이 가능하다. 거기에 쏠 시간이 없기 때문이다. 이는 무엇을 의미하는가? 사람들에게는 일마다 그 일에 적절하다고 느끼는 노력과 시간의 양이 있다. 그 범위 내에서 최대한 자신이 일을 할 경우에만 그 일을 좋아하는 것이라는 전제가 그래서 필요하다.

그렇다면 결론은 간단하다. 어떤 일을 하기 전에 우선은 그 일에 적절하다고 생각되는 시간과 노력의 양이 얼마인지 가늠해볼 필요가 있다. 그리고 "그 일은 내가 한 거야" 혹은 "그 일에서 내가 한 부분은 이거야"라고 말할 수 있어야 한다. 그 결과 동기가 부여되거나 동기가 충만한 상태가 되는 것이다. 일의 성패를 좌우하는 원인으로만 동기를 보아서는 안 된다는 뜻이다.

●●● 창의성을 높이는 조삼모사 전략

조삼모사朝三暮四. 우리 모두 잘 알고 있는 고사성어다. 중국 송나라 저공狙公의 고사로, 먹이를 아침에 3개 저녁에 4개씩 주겠다는 말에는 원숭이들이 화를 내더니 아침에 4개 저녁에 3개씩 주겠다는 말에는 좋아했다는 데서 유래한다. 합치면 결국 두 경우 모두 7개인데도 눈앞에 보이는 이득에만 집착하여 근시안적 태도를 보이는 어리석음을 일컫는다. 그런데 참으로 재미있게도, 조삼모사에 화를 내던 원숭이들과 달리 인간에게는 조삼모사가 필요할 때가 있다. 결론부터 말하자면 창의와 혁신을 위해서는 조삼모사의 순서가 훨씬 더 좋다.

상식적으로 인센티브와 같은 보상을 강하게 제시하면 동기가 부여된다. 보상에 대한 기대로 인해 정신적 준비가 되며 일에 더욱 집중하게 되기 때문이다. 한 마디로 일을 함에 있어서 안정성 stability 이 부여된다. 그런데 이렇게 확보된 안정성은 필연적으로 유연성 flexibility 을 떨어뜨리는 결과를 초래한다. 그 탓에 막상 유연성이 필요한 일을 할 때는 금전적인 보상에 대한 기대가 강해질수록 발상의 전환은 더디게 일어난다. 새로운 일에 도전하거나 확장적인 자세가 필요할 때 반드시 요구되는 사고와 행동의 유연성이 인센티브에 의해 오히려 저하되는 것이다. 당황스러운 사실이 아닐 수 없다. 그렇다면 인센티브와 같은 보상은 언제나 유연성을 갉아먹기만 할까? 아니다. 조삼모사하면 이야기는 달라진다.

예일대학 심리학과의 마빈 천 Marvin Chun, 한국명 천명우 교수와 그의 제자인 제레미 셴 Jeremy Shen 박사는 이 점을 잘 보여주는 연구를 진행해왔다.[18] 결론부터 말하자면, 보상이 지속적으로 높은 수준에서 이루어지면 사람들은 일을 함에 있어서 안정감을 가장 중시여기고 추구한다. 실제로 이렇게 했을 때 사람들은 한 가지 일을 오래 하거나 집중을 요하는 일에서 최적의 수행을 보였다. 하지만 보상을 점진적으로 높이면(더 정확하게는 그럴 것이라고 생각하게 만들면) 사람들은 안정성보다는 좀 더 유연한 모습을 보인다. 어떤 일을 하다가 다른 종류의 일을 하도록 했을 때 그 일에 보다 더 쉽고 빠르게 적응한다는 것이다.

독일 레겐스부르크대학의 심리학자인 커스틴 프로버 Kerstin Fröber 와 제신 드리스바흐 Gesine Dreisbach 교수는 이에 대해 보다 자세히 알아보기 위한 연구들을 진행했다.[19] 이들은 각기 다른 크기의 기대되는 보상이 어떤 순서로 다가오느냐에 따라 전혀 다른 행동과 전략을 자극한다는 사실을 밝혀냈다. 보상이 점점 커질 거라는 기대를 만들면 일을 전환함으로써 훨씬 더 큰 이익을 창출할 수 있을 거라는 기대가 높아진다. 그리고 일을 전환하는 데 따르는 기회비용에 관한 거부감은 최소화된다. 결국 유연성이 극대화된다. 이는 창의와 혁신이 필요한 일에 적합할 수 있다. 반면, 같은 크기의 보상을 지속적으로 유지하면 사람들은 일의 종류를 전환하는 비용을 더 크게 느끼고 따라서 같은 일을 반복하려는 더 강한 충동을 느낀다. 이는 정교함과 집중을 요하는 세밀한 일에 알맞을 것이다.

더욱 놀라운 결과가 있다. 보상의 크기에 변화가 없을 때는 보상을 점진적으로 줄일 때보다도 유연성이 더 떨어지는 현상이 나타났다. 보상에 변화가 없는 조직이 왜 보수적으로 변해가는지 알 법한 결과다. 가장 중요한 점은 이런 모든 조건에서 사용된 인센티브의 총량이 동일했다는 것이다. 어떤 경우든 총합이 7이 되는 조삼모사의 경우처럼 말이다. 왜 그럴까?

결국 자발성에 그 해답이 있다. 지금이나 향후에나 인센티브에 변화가 없는 경우, 향후에도 지금 잘하고 있는 일을 반복해서 잘하면 그만이다. 하지만 지금 당장은 인센티브가 적더라도 향후 더 커질 여지가 있다면 지금 하는 일로부터 '자발적'으로 변화를 만들어내 더 큰 인센티브에 걸맞은 무언가를 새롭게 창출해야 한다. 즉 보상의 크기의 순서가 어떻게 제시되는가에 따라 '자발성'에 엄청난 영향을 미친다는 것이다. 결국 같은 양의 인센티브라도 어떻게 활용하느냐에 따라 전혀 다른 역량을 자극할 수 있다는 의미다.

●●● 일의 의미를 찾아서

내적 동기와 외적 동기에 대해 많이 들어봤을 것이다. 내적 동기는 일 자체로부터 오는 즐거움이나 흥미를 말하고, 외적 동기의 대표적인 경우는 돈과 같은 물질적 인센티브다. 그리고 외적 동기보다는 내적 동기가 더 강력한 추진력을 발휘하게끔 한다고 알려져 있다. 여기까지가 일반적으로 흔히 알고 있는 내용이다. 이게 다일까? 아니다.

내적 동기는 일에 대한 더 정확한 예측도 가능하게 해준다. 일례로 외적 동기에 근거해 어떤 일을 시작하게 되면 그일을 얼마나 많이 그리고 얼마나 오랫동안 할 것인가에 대한 예측력이 급전직하로 떨어진다. 이는 필연적으로 계획오류를 야기한다. 계획오류란 '언제까지 무엇을 얼마만큼 할 수 있는가?'에 대해 예측이 무참하게 틀리는 경우를 말한다. 다시 말해 실제로는 거의 달성 불가능한 일을 '할 수 있을 것 같다'는 낙관적 기대에 기대어 시작했다가 나중에 낭패를 보는 모든 경우를 말한다. 그렇다면 우리는 언제 그리고 어떻게 이런 낙관적 예측과 그에 따른 실패를 맛보게 되는가?

시카고경영대학의 심리학자인 아일렛 피스바 Ayelet Fisbach 교수 연구진의 흥미로운 연구를 살펴보자.[20] 사람들에게 흥미를 느끼는 일과 그렇지 않은 일 중 하나를 시킨다. 그런데 그 둘 중 어느 일을 하든 그 일을 할 때마다 적은 보상과 큰 보상(적은 보상의 2배가량) 중 하나를 받게 된다. 일은 지금 당장 혹은 내일 하면 된다. 내일 하는 일에 대해서는 자신의 예측치를 적도록 했다. 이로써 실제로 일을 수행한 양과 예측된 양 간의 차이를 비교해볼 수 있게끔 했다.

그 결과는 매우 흥미로웠다. 지금 당장 하는 일에 대해서는 외적 동기에 해당하는 금전적 보상이 많든 적든 거의 차이 없이 흥미로운 일을 더 오래 그리고 많이 했다. 그런데 그 일을 내일 하겠다고 예측만 한 사람들의 양상은 전혀 달랐다. 흥미 여부와 상관없이 돈을 더 많이 주는 일을 더 많이 그리고 오래 할 거라고 예측했다. 사람들이 어떤 일을 얼마나 오래 그리고 많이 할 것인지를 예측할 때는 돈과 같은 외적 동기제의 양이 얼마나 큰가에 전적으로 의존하지만 실제로 그 일을 할 때는 흥미와 같은 내적 동기제의 영향을 더 많이 받기에 이런 불일치가 생긴 것이다. 더더욱 중요한 점은 큰 보상과 같은 외적 동기를 받기 위한 예측치가 실제 수행한 일의 양과 차이가 가장 컸다.

　여기에서 우리는 최소한 세 가지 중요한 교훈을 얻을 수 있다. 첫째, 돈을 보고 뛰어든 일은 오래 못한다. 그 양과 시간 모두에서 그렇다. 특히 자신이 예상한 것보다 더 저조한 결과가 나온다. 둘째, 내적 동기(흥미와 관심)를 불러일으키는 일에 훨씬 더 예측력이 정확해진다. 셋째, 내적 동기 없이 외적 동기에만 의존한 예측은 가장 부정확해지며 이는 가장 심각한 계획오류를 초래한다.

　따라서 어떤 일을 시작하기 전에 그 일을 통해 얼마나 큰 인센티브나 금전적 보상을 받게 되는지를 강조할 경우 사람은 필연적으로 낙관적 계획오류에 빠지게 된다. 이것이 자괴감으로 이어질 수도 있다. 그러므로 어떤 일을 시작하기 전에는 그 일의 진정한 의미를 찾기 위한 시간과 노력을 들일 필요가 있다. 그런 과정을 아끼려다 예상보다 훨씬 심각한 결과를 맞이할 수 있기 때문이다.

●●● 야근이 일을 그르치는 이유

퇴근 시간이 다가올 무렵, 상사가 다가와 일거리를 한아름 안겨주고는 한 마디 남기고 유유히 자리를 뜬다. "내일까지 가능하지? 부탁할게." 울며 겨자 먹기로 야근에 돌입한다. 이런 경우가 아니라도 퇴근이 늦어지는 상사나 동료의 눈치를 보느라, 혹은 습관적으로 야근을 하는 경우도 있다. 어쨌든 직장인이라면 이런저런 이유로 야근을 해보았을 것이다.

야근은 좋지 않다. 그 다음 날의 업무 효율성을 떨어뜨리기 때문이다. 또한 방만한 일처리가 습성화되기도 한다. 하지만 이런 상식적인 측면보다 더 나쁜 측면이 있다. 야근은 자신감을 과도하게 부추기는 경우가 많다. 이로 인해 생각보다 일이 잘 안 풀리는 상황을 자초하기도 한다. 결과적으로는 자신감도 떨어진다. 야근이 지니는 의외의 부작용이다. 그 과정을 한번 알아보자.

시간은 별로 없는데 일이 닥친다. 야근이 시작된다. 몰입감은 최고조에 이른다. 이 몰입감은 심지어 때로는 내가 일에 열중하고 있다는 은근한 뿌듯함과도 연결된다. 하지만 이때의 몰입감은 사실 긍정적 몰입이 아니다. 중간점검의 시간을 갖지 못해 일을 그르칠 확률이 높아지기 때문이다.

미국 다트머스대학의 세안 강 Sean Kang 교수와 UC 샌디에이고대학의 할 패슬러 Hal Pashler 교수의 연구를 보자.[21] 연구진은 그림의 작가를 판단하거나 단어를 외우거나 특정 프로젝트를 기획하는 일에 이르기까지 다양한 일들을 사람들에게 시켜보았다. 단, 같은 종류의 일을 하더라도 사람마다 조건을 달리했다. 어떤 사람들은 한 가지 일에 집중해서 중간에 이탈하지 않고 몰입해서 하도록 했다. 이를 심리학에서는 밀집 massed 된 수행 혹은 밀집 공부라고 한다. 쉬운 예로 벼락치기를 떠올리면 된다. 다른 사람들에게는 일하는 중간중간에 공백을 두게 했다. 또는 그 중간에 다른 종류의 일을 하게끔 했다. 일처리에 사용된 시간의 총량은 동일하다. 그 결과는?

대부분의 경우 밀집해서 작업한 경우 일의 정확도나 마무리에서 더 저조한 결과가 나왔다. 수치로 표현하자면 밀집된 작업의 경우 마무리 점수가 100점 만점에 60점 정도였고 공백을 둔 경우는 70~80점 정도였다. 연구와 조건에 따라 다르긴 하지만 대략 10~20% 정도의 차이가 난다. 그런데 더 중요한 문제가 있다. '내가 그 일을 얼마나 잘 해낼까?' 하는 확신에 있어서는 밀집된 작업이 공백 있는 작업보다 훨씬 더 크다는 것이다. 수치로 비교하자면 밀집된 작업의 경우에는 확신감이 100점 만점에 80~90점 정도로 나타나는 반면, 중간에 공백을 둔 횟수가 많은 경우에는 70점 정도로 10~20% 정도 더 낮게 나온다.

결과적으로 일의 성공적인 마무리와 자신감을 모두 고려하면 밀집된 작업의 경우 자신의 예측과 실제 일의 수행 사이의 격차가 훨씬 더 크게 벌어진다는 점을 알 수 있다. 그 격차만큼 우리는 낭패를 본다. 학창시절의 시험공부라면 낭패라고 해봐야 내가 느끼는 당혹감 정도겠지만 실제로 회사에서 일을 할 때는 그 차이가 커지면 나와 조직 양쪽 모두에 큰 피해를 끼칠 수 있다.

그러면 왜 밀집된 작업에서는 확신감과 실제 수행 사이의 괴리가 커질까? 되돌아보지 않기 때문이다. 일의 중간중간에 빈 시간이나 공간이 끼어들게 되면 그 일에 다시 착수하면서 직전까지 했던 일을 일정 부분 다시 떠올려야 한다. 우리는 그때 자신의 일에서 허점과 빈틈을 발견한다. 벽돌을 쌓는 단순한 일도 중간에 잠시 허리를 펴고 쉬는 시간을 가질 때 삐뚤어진 부분이나 기운 곳을 찾아낼 수 있는 법이다. 이렇게 그 일의 최종 결과에 대한 자신감 혹은 확신과 실제 일의 마무리 정도의 간격을 좁혀나가면서 사람은 더 정확해지고 일의 수준도 높여간다.

일을 하다 보면 '될 것 같다' 혹은 '이제 얼마 안 남았다'는 느낌이 들 때가 있다. 꽤 달콤한 순간이다. 그런데 문제는 이런 느낌이 우리를 배신하는 경우가 허다하다. 특히 시간에 쫓길 때의 몰입은 사실 진정한 몰입이 아니다. 이것이 바로 야근의 부작용이 야기되는 대표적인 이유다.

●●● 출발지와 종착지를 대하는 우리의 마음자세

미국 뉴저지대학의 리사 그림 Lisa Grimm 교수가 재미있는 논문을 발표한 적이 있다. 사실 그의 논문은 실패한 연구로부터 출발했다.[22] 그 실패는 실험을 하는 심리학자들이라면 대개 몇 번씩 경험한다. 이른바 학기 초와 말의 실험 데이터가 정반대로 나오는 경우다. 현실적 여건상 많은 심리학 실험이 대학생들을 대상으로 학기 중에 이루어진다. 학기 중 학생들의 참여도가 가장 높은 때는 당연히 학기 초와 학기 말이다. 학기 초는 뭐든 하려는 의욕이 넘칠 때이니 무엇이든 열심히 한다. 학기 말도 알찬 마무리를 위해 열심히 노력하는 시기다.

그런데 동일한 실험인데도 학기 초와 말에 정반대의 결과가 나오는 경우가 꽤 있다. 컴퓨터로 수학게임을 푸는 실험을 하면서 잘할 때마다 점수를 부여하는 방식을 취하면 학기 초에 참가한 학생들의 점수가 학기 말에 참가한 학생들의 점수보다 거의 20% 가까이 우수하다. 학기 말이라 기말고사도 있고 해서 학생들이 급한 마음에 수학게임을 대충 풀어서 그런 걸까? 그건 분명 아니다. 같은 수학게임인데도 못할 때마다 점수를 깎는 형태로 실험 조건을 바꾸면 정반대 결과가 나온다. 왜 이런 차이가 생기는 것일까?

'상황-일의 종류-동기'의 관계 때문이다. 학기 초는 시간상 출발점이다. 결승점까지 시간이 많이 남아 있다. 이때 학생들은 '이루고 싶은 것'에 접근하고자 하는 동기가 강하다. 하지만 학기 말은 결승점이 코앞이기 때문에 '일어나면 안 되는 상황이나 일'들로부터 회피하고자 하는 동기가 더 대세를 이룬다. 결국 점수가 쌓이게 되는 상황과 점수가 깎여나가는 상황에 대한 접근과 회피 동기로 인해 학생들은 같은 수학게임이라도 학기 초와 말에 각각 더 잘했던 것이다. 유사한 연구 결과는 얼마든지 찾아볼 수 있다. 일이든 성금 모금이든 초반부에는 '얼마나 진척되었는지'와 같은 용기를 주는 정보가 주어질 때 더 적극성을 보인다. 반면 후반부에는 '목표까지 얼마나 남았는지'를 알려줘 목표 미달을 피하자는 경고성 메시지를 전달해야 더욱 열심히 한다.[23] 이 모두는 시작할 때의 접근 동기와 마무리할 때의 회피 동기의 궁합이 얼마나 중요한가를 알려준다.

이 점을 염두에 두고 우리의 연말 연초 풍경을 생각해보자. 혹시 연말에 '한 해 동안 달성한 성과'를 따져본 적 있는가? 그건 학기 말에 지금껏 얼마나 했는지 이야기하는 꼴이다. 차라리 그 시점에는 미완료 과제를 살펴보는 게 좋다. 군이 성과를 자평하고 싶다면 연초에 하면 된다. 그럼으로써 출발선상에서 기존의 성과가 주는 용기로 막막함을 이겨내고 무언가 하고자 하는 의욕을 더욱 불태울 수 있게 된다. 많은 이들이 한 해가 며칠도 남지 않은 시점에 '올해의 성과'를 돌아본다. 그러고는 마무리 못한 것들에 대한 '꼼꼼한 챙김'을 내년으로 넘긴다. 하지만 내년 초는 꼼꼼하게 무엇을 마무리하기에는 별로 좋은 시간이 아니다. 성과의 자축과 마치지 못한 일의 반성을 쓸데없이 한 공간에 담을 필요는 없다.

●●● 불확실한 보상이 더 매력적일 때가 있다

홍콩중문대학의 루시 센 Luxi Shen, 시카고대학의 아일릿 피스백 Ayelet Fishbach, 크리스토퍼 씨 Christopher Hsee 교수 등은 보상의 크기가 확실할 때보다 오히려 불확실할 때 사람들의 동기를 더 자극할 수도 있다고 말한다.[24] 이를 '불확실함 동기화 효과 motivating-uncertainty effect'라고 부른다. 심지어는 불확실하면서 그 보상의 크기가 작을 때조차 이런 효과가 유지된다. 지금까지의 상식을 뒤엎는 흥미로운 결과가 아닐 수 없다. 그들의 연구를 통해 도대체 언제 그리고 어떻게 그런 일이 일어나는지 알아보자.

게임 A는 2달러 받을 확률이 50%이고 1달러 받을 확률도 50%다. 게임 B는 2달러 받을 확률이 100%디. 게임 A는 보상의 크기가 불확실한 반면, B는 확실하다. 게다가 크다. 자, 이제 사람들에게 일을 한 가지 시켜보자. 예를 들어, 2분 동안 빨대를 사용해 1.4리터의 물을 마시는 일이다. B게임의 참가자들은 물병 눈금에 표시한 대로 1.4리터를 다 마시면 무조건 2달러를 받는다. 게임 A에 참가한 사람들도 마찬가지로 1.4리터를 마셔야 한다. 하지만 차이가 하나 있다. 다 마시면 진행자가 동전 던지기를 해서 앞면이 나오면 2달러를, 뒷면이 나오면 1달러를 받는다. 보상이 불확실한 조건이다. 결과는? 불확실한 보상 게임을 한 사람들은 70%가 1.4리터를 다 마신 반면, 확실한 보상 게임을 한 사람들은 단 43%만이 과제를 다 마쳤다. 27%의 큰 차이가 났다. 마신 양도 평균 1.2대 0.95리터로 불확실한 조건의 경우 훨씬 더 많이 마셨다. 거의 25%의 차이를 보였다.

이러한 양상은 다른 데서도 쉽게 찾아볼 수 있다. 다양한 광고 시안을 평가하는 것과 같은 실제 일에 있어서도 불확실한 보상을 받는 사람들이 확실한 보상을 받는 사람들보다 일을 더 열심히 했다. 심지어는 2달러 받을 확률 50%와 3달러 받을 확률 50%와 같이 불확실한 보상 내에서 발생하는 경우의 수 어떤 것도 확실한 보상 금액(예를 들어, 4달러)을 넘지 않는 경우였음에도 마찬가지의 결과가 나타났다. 왜 이런 일이 일어날까? 사람들은 보상이라는 일의 '결과' 못지않게 일의 '과정'에도 큰 의미를 두며 더 나아가 각각의 변수를 즐기는 것을 중요하게 생각하기 때문이다. 확실한 보상은 결과가 뻔하다. 하지만 불확실한 보상은 더 작은 크기라 해도 어느 것이 일어날지 모르니 흥미를 자아낸다. 결과가 뻔한 영화는 아무리 잘 만들어도 사람들이 잘 안 보는 것과 마찬가지 이유다.

그런데 불확실함 동기화 효과는 보상을 추구하는 과정에 초점을 맞출 때만 가능한 현상이다. 보상 추구의 과정에 초점을 맞출 때는 불확실함이 희열이나 흥미와 같은 긍정적 측면을 자극하기 때문이다. 그러나 결과인 보상 자체에만 초점을 맞출 때는 그 효과가 나타나지 않는다. 오히려 이때의 불확실함은 투자를 줄이는 경향을 야기한다. 따라서 '큰 결과 하나'에만 초점을 맞추기보다는 그 일의 과정에 얼마나 많은 '작지만 다양한 변수'들이 있는지에도 관심을 두는 게 좋다. 그래야 불확실함 동기화 효과의 영향으로 정말 필요할 때 시간, 노력, 돈 등을 더 쏟아 부을 수 있다.

●●● 가면증후군

커다란 성공을 거둔 이들이 연전연승의 흥행을 이어가지 못하고 한동안 심각한 정체기나 침체기를 겪는 경우가 있다. 당사자야 당연히 답답하고 괴롭겠지만, 다음엔 어떤 탁월한 것을 내놓을지 잔뜩 주시하던 사람들도 '뭐지? 거기까지가 그 사람의 한계였나?' 하며 기대의 눈길을 거두곤 한다. 도대체 무엇이 문제인 걸까? 다양한 요인이 있을 것이다. 언뜻 생각하기에 성공 이후의 자만이나 과도한 자신감 때문인 듯하다. 하지만 여기에도 간과하기 쉽기에 한번쯤 돌아봐야 하는 두 가지 심리적 원인이 있다.

첫째, 가면증후군 imposter syndrome 이 원인일 수 있다. 이것은 1970년대 후반 조지아 주립대학의 심리학자 폴린 클랜스 Pauline Clance 와 수잔 임스 Suzanne Imes 교수가 처음 명명한 현상이다.[25] 자신의 성공으로 얻은 부와 명성이 사실은 전부 운에 의한 것이었고 따라서 사람들이 자신을 과대평가하고 있으며 언젠가는 능력과 자질이 들통 날 것이라는 불안감이다. 예를 들어, 나탈리 포트만이나 해리포터 시리즈의 여주인공 엠마 왓슨 같은 배우부터 페이스북 최고운영책임자 셰릴 샌드버그 등 많은 성공한 사람들이 성공 이후 극심한 불안을 겪었고 이로 인해 자신과 주위 사람들 모두 일정한 침체기를 경험한 바 있다. 주로 여성에게서 많이 찾아볼 수 있지만 남성도 크게는 예외가 아니다. 왜 이런 일이 일어날까? 그 성공 후 주위의 기대가 너무 컸던 탓일까?

그런 측면도 있지만 여기에도 숨은 이유가 하나 더 있다. 이른바 과도한 노출 때문이다.[26] 사람들은 누구나 일정한 크기의 사적 영역과 적정한 길이의 혼자 있는 시간을 필요로 한다. 그 영역과 시간에 자신을 진정시키고 다독일 수 있기 때문이다. 그런 후에야 다시 아무렇지도 않게 사람들 앞에 나설 수 있다. 그런데 성공한 사람들의 경우 대부분 그 영역과 시간이 극도로 줄어든다. 그 과정에서 당연히 불편해지고 그 불편은 심리적 불안으로 이어진다. 재미있는 점은 불안을 경험하게 되면 그 불안감이 다음의 무관한 일과 행동으로도 전염되어 자신감을 떨어뜨린다. 따라서 직전에 큰 성공이나 성취를 이룬 사람에게 해줄 수 있는 의외의 배려와 조치는 그들에게 사적 영역과 혼자 있을 수 있는 시간을 확보해주는 것이다.

둘째, 성취를 직전에 이룩한 사람들은 성취가 목전에 있는 사람들보다도 훨씬 더 회피 동기가 강력해지기 때문이다. 자신이 이룩한 성과가 계속 지속되기를 바라는 것은 인간의 당연한 본성이다. 그런데 그 성과가 지속되려면 세상이 어떻게 돌아가야 할까? 큰 변화 없이 굴러가야 한다. 그러니 이 사람들은 미래의 변화를 축소해서 예측하기 십상이다. 즉 무언가에 접근하기보다는 나쁜 것을 회피하려는 경향이 더 강해진다. 그만큼 적응력과 변화에 유연하게 대처하는 능력이 떨어진다. 그래서 두 번째 성공이나 성취는 어렵다.

그럼에도 불구하고 직전에 큰 성취나 성공을 거둔 사람들을 가만히 내버려두지 못하고 오히려 더 자주 불러내거나 더 밝은 조명 아래 세우는 경우가 허다하다. 그들이 본연의 능력을 발휘하고 다음 성공을 이어가도록 하려면 어떻게 해야 할까? 첫째, 잠시라도 가만 내버려두라. 그래야 불안감을 다독이고 다시금 새로운 시도를 한다. 둘째, 기존의 성과를 축하하고 칭찬하는 것까지는 좋지만 그 다음 것을 어서 보여 달라든지 그 이후를 예측해보라는 주문을 자제해야 한다. 그보다는 탁월한 성과를 내놓은 분야와 다소 동떨어진 분야의 일이나 약간 사소해 보이는 일을 맡겨보라. 조금 더 시간을 갖고 자신의 관점을 다시금 재정비할 수 있도록 말이다. 성공한 사람들일수록 유리잔처럼 조심히 다뤄야 하는 이유가 바로 여기에 있다.

3장

정서적
판단이
중요한 이유

●●● 우리가 느끼는 시간의 길이

시간이라고 하는 것은 참으로 오묘한 측면이 많다. 모든 인간에게는 공평하게 하루 24시간이 주어진다. 늘 시간에 쫓기며 시간이 부족하다고 투덜대는 사람이 있는가 하면, 시간이 남아돌아 어쩔 줄 모르는 사람도 있다. 단순히 해야 할 일의 많고 적음에 따른 차이일까? 그것 때문만은 아닌 듯하다. 똑같은 시간에 똑같은 일을 하면서도 어떤 사람은 시간에 쫓기고 어떤 사람은 여유만만하다. 즉 같은 시간의 길이를 사람마다 다르게 느낀다. 실제로 시간에 관한 우리 각자의 관점은 생각과 행동에 꽤나 큰 영향을 미친다. 그리고 그 양상은 중요한 생각거리를 제공한다. 객관적으로는 같은 길이의 시간이라 하더라도 그 시간을 심리적으로 어떻게 느끼느냐에 따라 의미

심장한 차이가 나타나는 경우가 허다하기 때문이다. 이것을 쉽게 설명하기 위해 자주 거론하는 실험이 있다.

사람들에게 어떤 입사 지원자의 서류를 검토하게 한다. 꽤 두툼한 분량으로 그 지원자에 관한 상당한 양의 정보를 포함하고 있는 서류다. 그것을 검토하는 사람들을 두 그룹으로 나눈다. A 그룹의 평가자들에게는 이렇게 이야기한다. "30분밖에 시간이 없으니 이 지원자의 서류를 면밀하게 검토해주십시오." B 그룹의 평가자들에게는 이렇게 말한다. "30분의 충분한 시간이 있으니 이 지원자의 서류를 면밀하게 검토해주십시오." A와 B 두 그룹 모두에게 결국 30분이라는 시간이 주어진 셈이다. 하지만 이 두 그룹 사이에는 지원자에 관한 평가는 물론 일정 시간이 지난 뒤에 그 지원자에 대해 기억하는 정보에 있어 중요한 차이가 발견된다.

A 그룹 평가자들은 자신에게 주어진 시간이 많지 않다고 생각하기 쉽다. 이 경우 평가자들은 구체적인 정보 위주로 사람을 평가하며 지원자에 대해 기억하는 것들도 유사한 양상을 띤다. 학점이나 영어 점수, 출신 학교나 보유 자격증에 관한 것들이 대부분이다. 하지만 B 그룹 평가자들의 평가 근거

와 지원자에 관한 기억은 전혀 달랐다. 이 사람들은 숫자나 구체적인 정보를 근거로 삼거나 더 잘 기억하는 경향이 확연히 낮았다. 대신에 보다 질적인 측면에 초점을 맞추는 경향이 두드러졌다. '이 지원자는 활발하고 진취적인 것 같다'라든가 '내성적인 것 같지만 자기 주관은 뚜렷한 것으로 보인다' 등의 평가가 훨씬 더 많았다. 더욱 놀라운 것은 이러한 차이가 인사 평가 전문가들에게서도 일관되게 관찰된다는 점이다. 무엇 때문에 이런 차이가 생겨나는 것일까?

같은 시간이라도 그 시간을 부족하다고 느낀 사람들은 구체적인 정보에 집착하게 된다. 불안하기 때문이다. 불안한 사람은 옳든 그르든 간에 구체적인 무언가에 이끌리게 된다는 것이 대부분의 심리학 연구 결과가 제시하는 결론이다. 한편, 시간이 충분하다고 느낀 사람은 불안감이 높지 않아 다소 모호하지만 추상적이거나 질적으로 다른 정보를 더 중요시하는 경향이 강해진다. 무슨 의미일까? 우리에게 주어진 시간은 크게 다르지 않다. 사람들로 하여금 그 시간을 어떻게 보게끔 하느냐에 따라 우리는 특정한 일을 더 잘하게 만들 수도 혹은 못하게 만들 수도 있다. 폭넓은 사고와 거시적 관점이 요구되는 상황이라면 같은 시간이라도 길게 보도록 만들어야 한다. 반대로 구체적인 생각과 행동이 필요한 경우라면 주어진 시간이 길지 않음을 지속적으로 상기시켜야 한다. 같은 시간이라도 어떤 길이로 느끼느냐 따라 잘하고 못하는 일이 달라지기 때문이다.

●●● 나이 든 사람들이 좀 더 윤리적이어야 하는 이유

시간 이야기가 나온 김에 좀 더 이어가보자. 시간을 보는 관점은 그 사람이 어떤 사람인가를 말해주는 데도 중요한 요인이 된다. 실제로 심리학자들은 한 사람이 얼마나 윤리적이고 도덕적인지도 시간 개념을 활용해 정의 내리곤 한다.

심리학에서 윤리와 도덕의 중요한 측면은 '즉시적 만족감의 지연능력'이다. 예를 들어보자. 심한 갈증을 느낀다. 즉시적으로 만족하려면 내 짝꿍의 물이라도 바로 마셔야 한다. 하지만 내가 좀 더 착한 사람이라면 내 물이 올 때까지 기다려야 한다. 즉 즉시적 만족감을 지연시켜야만 한다. 따라서 같은 시간이라도 더 짧게 느끼면 아무래도 윤리적으로 행동하기 쉽다. 가령, 내 물이 오기까지 30분이 걸린다고 할 때 그 30분을 짧게 느낄수록 나의 즉시적 만족감을 지연시키기가 더 수월할 것이다. 그런데 시간의 길이를 어떻게 느끼는가에 굉장히 강력한 영향을 끼치는 요인이 연령이다. 젊을수록 시간이 느리게 가고 나이 들수록 시간이 빨리 간다는 말이 있지 않은가. 이것만 놓고 보면 나이 든 사람이 윤리적 행동을 하기에 더 유리한 셈이다.

1990년대에 노던애리조나대학의 심리학자 피터 망간 Peter Mangan 은 기념비적인 연구들을 발표했다.[27] 그리고 이후의 수많은 유사한 연구들이 마찬가지의 결과들을 확인했다. 망간 교수의 연구진은 20대 대학생들과 60~80세 사이의 노인들을 대상으로 3분을 마음속으로 헤아리게 했다. 그리고 3분이 되었다고 생각하는 시점에 버튼을 누르게 했다. 그 결과, 20대 학생들은 평균적으로 3분 3초가 되었을 때 버튼을 눌렀다. 거의 정확했던 셈이다. 반면 노인들은 평균 3분 40초 정도에 버튼을 눌렀다. 즉 정해진 시간보다 한참 지난 3분 40초를 3분이라고 판단한 것이다. 여기까지는 상식선에 해당하는 이야기일

수 있다. 흔히 말하듯 젊은이들에 비해 노인들이 느끼는 시간의 흐름이 더 빠르다는 점을 확인한 셈이니 말이다. 그런데 여기에서 그칠 문제가 아니다. 사람들은 같은 시간이라도 짧다고 느끼면 좋지 않은 일을 막기 위한 욕구, 즉 회피 동기가 더 자극된다. 반대로 시간이 길게 느껴질 경우 좋은 것을 가지거나 좋은 상태로 만들고 싶어 하는 접근 동기가 더 활성화된다.

종합적으로 우리는 무엇을 알 수 있을까? 첫째, 어떤 사람이 나와 물리적으로 같은 시간을 보내도 심리적으로 시간의 길이를 다르게 느끼면 매우 곤욕스러운 갈등이 일어나기 쉽다. 서로 초점을 맞추는 동기가 달라지기 때문이다. 젊은 사람들이 나이 든 사람에게 느끼는 불편함이 바로 여기에서 기인할 수 있다. 나이 든 사람이 같은 시간을 더 짧게 보는 경향이 있기에 이는 회피 동기의 지나친 자극으로 이어질 수 있으며, 젊은 사람의 경우에는 그 반대의 가능성이 높다. 둘째, 그래서 우리는 연령과 경험이 많은 어른들에게 더 윤리적이길 요구하고 그렇지 못한 어른에게 더욱 실망하고 부정적인 감정을 느끼는 것이다. 따라서 어른이라면 같은 시간이라도 더 짧게 느끼는 만큼 더 윤리적이어야 한다. 그런 한편으로 자신이 느끼는 짧은 시간의 느낌에서 벗어나 접근 동기를 더 강화하는 여건을 스스로 만들 필요도 있다. 이 둘을 거꾸로 하는 어른이 시간에 입각해서는 최악의 어른임에 틀림없다. 마찬가지의 이유로 젊은이 역시 어른이 느끼는 시간의 길이를 이해하고 인정해주어야 한다.

●●● 사람을 포기하기 전에 이것만은 확인하라

"회사 후배 중에 사람은 괜찮은데 일을 너무 못하는 친구가 있어요. 가르치는 데도 한계가 있고… 이제 그만 포기할까 봐요."

사람은 나쁘지 않으니 내치지도 못하고 가만히 두고 보자니 답답하고 힘든 점이 한둘이 아닐 것이다. 이런 고민을 털어놓는 분에게 자주 건네는 답변이 있다. 그 말을 듣고 나면 꽤 많은 분들이 "미처 생각하지 못했던 부분이네요"라는 반응을 하곤 한다.

우선, 사람은 괜찮다. 무슨 뜻일까? 대체로 성격이나 품성 그리고 능력 자체는 크게 떨어지지 않는 것 같다는 의미다. 그럼에도 불구하고 지금 이 순간 일을 좀처럼 제대로 해내지 못하고 있다. 이 사람을 참아내는 것이 이제 한계에 도달한 것 같다. 그렇다면 마지막 힘을 내서 최소한 두 가지만 더 확인해보라. 지금부터 얘기하는 두 가지를 해결하고도 나아지지 않는지 말이다.

첫째, 그 사람이 멀티태스킹하고 있는지를 확인해봐야 한다. 멀티태스킹이란 여러 가지 일을 동시에 하는 것이다. 결론부터 말하자면 멀티태스킹은 '악마'다. 아무리 간단한 일이라도 동시에 두 가지를 하면 어느 한 군데서 일의 수행이 정상적인 상황보다 떨어지게 마련이다. 운전 중에 핸즈프리를 사용하더라도 사고율은 크게 개선되지 않는다. 운전 중 손에 휴대전화를 들고 있지 않아도 대화에 주의를 빼앗기기 때문에 돌발 상황에 대처할 시간이 줄어들기 때문이다. 실제로 몇 가지 일 사이에서 주의를 이동시키는 것은 예상 외로 대단한 능력이다.

아주 간단한 실험을 살펴보자. 두 귀에 각기 다른 메시지가 들리는데 신호에 따라 어느 한쪽은 주의를 집중하고 다른 쪽은 무시해야 한다. 그 신호는 왼쪽과 오른쪽 변화무쌍하게 바뀐다. 간단해 보이지만 실험에 참여해 막상 해보면 결코 쉽지 않다. 이 간단해 보이는 과제의 수행 점수는 1970년대 이스라엘 공군비행학교에서 교육훈련생의 비행 수행능력을 가장 잘 예측하는 지수로 활용된 바 있다(흥미롭게도 이런 간단한 연구를 통해 선발 작업을 위한 엄청난 비용을 최소화한 사람이 바로 2002년 노벨 경제학상을 수상한 인지심리학자 다니엘 카너먼이다). 그만큼 동시에 여러 가지 일을 한다는 것은 결코 쉽지 않은 일인데, 그 후배가 이런 상황에 놓여 있다면 당연히 업무 수행이 제대로 이루어질 리 없다.

둘째, 더 중요한 요인으로 '호환성 저하'가 있다. 경험이 만들어낸 익숙한 체계를 거스르는 것은 아무리 간단한 일이라도 큰 어려움이 뒤따른다는 사실에 기초한다. 이를 잘 보여주는 것이 바로 그 유명한 '스트룹 Stroop 효과'다. 존 리들리 스트룹 John Ridley Stroop 이라는 유명한 심리학자의 성을 따서 이름 붙인 이 실험의 과제는 매우 간단하다. 글자를 읽지 않고 글자 색을 말하는 것이다. 예를 들어, 파란색으로 인쇄된 '빨강'이라는 글자는 '빨강'이 아니라 '파랑'이라고 답해야 맞다. 그런데 자꾸만 글자를 그대로 읽는 실수를 범하게 된다. 이 현상이 바로 스트룹 효과다. 이전에 정착된 행동(글자를 읽는 것)이 새로운 과제(글자색을 말하는 것)를 방해하고 있는 것이다. 속도를 내서 하거나 여러 개를 하려고 할 때 이런 방해 현상은 더욱 기승을 부린다. 기존의 자동화된 행동을 '억제'나 '무시'해야 하는 새로운 일은 좀처럼 숙달되기 어렵다는 결론이다. 이를 비일관적 매핑 inconsistent mapping 상태라고도 한다. 그 전에는 정답이었던 행동이 지금은 오히려 자제되어야 하는 혹은 심지어 오답인 경우를 통칭한다. 이전에 자제되어야 했던 행동이 지금 유발되어야 할 때도 마찬가지로 방해 현상이 생긴다. 우리가 좀처럼 새로운 일을 하지 못하는 두 번째 이유다.

어떤 사람이 일을 못한다. 함께 일하는 동료나 선배의 속은 답답하고 타들어간다. 참을 만큼 참았고 가르침도 충분히 시도해봤다. '이젠 도리 없이 내쳐야겠다'라는 생각이 든다면 마지막으로 한 번만 더 돌아보라. 그 골칫덩어리 후배가 이두 가지 요인으로 힘겨워하지는 않는지, 만일 그렇다면 그런 상황이 해소된 환경을 제공해본 적 있는지 말이다. 그랬는데도 일을 제대로 못한다면 그때 포기하라.

●●● 나의 장점을 돋보이게 하려면

자녀나 후배, 주변 사람들에게 좋은 롤모델이 되고자 하는 마음은 누구나 대부분 갖고 있다. 그런데 이상하게도 내가 잘하는 것은 보려 하지 않고 잘못된 측면만 주목하는 경우가 있다. 뭐가 문제일까?

우선 롤모델의 정의부터 알아보자. 사전적인 정의상 롤모델은 '자기가 마땅히 해야 할 직책이나 임무 따위의 본보기가 되는 대상이나 모범'이다. 이 롤모델은 두 가지 형태가 있다. 앞의 사전적 정의는 말 그대로 긍정적 롤모델이다. 하지만 '저렇게 하면 안 되겠구나' 혹은 '나는 저러지 말아야겠다'라는 경각심을 일깨워주는 롤모델도 있다. 이른바 부정적 롤모델이다. 그 대표적인 경우가 반면교사 反面教師 의 상황이다. 긍정적 롤모델과 부정적 롤모델은 각기 더 효과적인 경우가 따로 있다. 이 두 경우는 한 인간의 두 가지 동기 상태에 따라 달라진다. 이른바 접근과 회피 동기다.

인간의 욕구는 접근과 회피 두 동기로 양분된다. 접근 동기는 이른바 좋은 것을 가지거나 바라는 상태로 가고 싶은 '향상 promotion 욕구'를 의미한다. 반면 회피 동기는 싫어하거나 무서워하는 상태로부터 벗어나거나 그 상태를 막아내려고 하는 '예방 prevention 욕구'를 뜻한다. 결론부터 말하자면 접근 동기가 주된 상황에서는 긍정적 롤모델이, 회피 동기가 강조되는 상황에서는 부정적 롤모델이 사람의 마음을 더 강하게 움직인다.

프랑스 류미에흐 리옹 2대학의 루시아 보손 Lucia Bosone 교수의 연구를 살펴보자.[28] 연구진은 사람들에게 다이어트의 중요성을 강조한 글을 읽게 했다. 절반의 사람들은 활력 증진이나 좋은 기분의 유지와 같이 긍정적 결과를 강조한 다이어트의 중요성에 초점을 맞춘 글을 읽었다. 그리고 나머지 절반의 사람들은 스트레스 감소 혹은 질병 예방과 같이 부정적 결과를 방지하기 위한 다이어트의 중요성을 강조하는 글을 읽었다.

그 결과, 긍정적 결과에 기초한 접근 동기에 초점이 맞춰진 사람들은 좋은 다이어트 방법을 활용하는 긍정적 롤모델을 봤을 때 다이어트의 의지가 더 강해졌다. 이건 상식이다. 그런데 흥미롭게도 부정적 결과를 회피하기 위한 동기가 자극된 사람들은 좋지 못한 다이어트 방법을 사용해 실패를 경험한 부정적 롤모델을 볼 때 더 강한 다이어트 의지를 보였다. 결론적으로 자신의 동기 상태와 롤모델의 긍정/부정 형태가 호환성을 가질 때 건강식을 먹을 의향이 더 강하게 나타난 것이다.

다이어트 과정에서 활용하는 방법들에 있어서도 이 호환성은 중요하다. 긍정적 목표와 긍정적 롤모델이 매치된 사람들은 과일이나 야채를 가까이 하는 행동(긍정적 행동)을 추구하는 경향이 강하게 나타났다. 그리고 부정적 결과를 회피하려는 마음으로 부정적 롤모델을 본 사람들은 소금이나 지방의 섭취(부정적 행동)를 자제하려는 경향이 강하게 나타났다. 또한 접근 동기-부정적 롤모델 혹은 회피 동기-긍정적 롤모델 식으로 자신의 동기 상태와 롤모델이 미스매치된 경우에는 어떤 방법이든 강한 의지를 갖고 실천하려는 경향이 약화되는 것으로 나타났다.

자, 이 실험 결과를 바탕으로 서두에서 꺼낸 의문을 풀어보자. 좋은 롤모델이 되고 싶은데 왜 사람들은 나의 나쁜 점만 주목할까? 실제로 그렇다면 자신이 평소 회피 동기를 지나치게 자극하지 않았는지 한번 되돌아볼 필요가 있다. 회피 동기가 강한 분위기가 지속되면 사람들은 '저러지 말아야지' 하는 측면만 주로 보게 될 가능성이 크기 때문이다. 다시 말해 부정적인 롤모델이 더 주목받을 만한 상황을 자초해놓고는 자신의 좋은 측면을 봐주기를 바라는 셈이다.

●●● 동물의 왕국에서 리더십을 배우다

아프리카 케냐 지역에 사바나 개코원숭이라는 독특한 원숭이가 있다. 이 원숭이 사회에서는 공격적인 수컷을 절대 리더의 위치에 앉히지 않는다. 무리를 조율할 수 있는 현명함과 사려 깊은 태도가 부족하기 때문이다. 그들은 오히려 공격적인 수컷을 무리로부터 배제시키고 고립시켜 다른 맹수에게 잡아먹히게 만든다.

동물의 세계를 보면 이런 경우가 꽤 있다. 악어의 무리에서는 가장 힘센 녀석이 무리 내의 모든 암컷을 거느리기 때문에 엄청난 패권 다툼이 벌어지지만 승패가 갈리는 순간 승자는 절대 패자를 공격하지 않는다. 늑대도 마찬가지다. 대부분 거칠고 사납게 그려지지만 집단 내에서 늑대들은 끈끈한 결속력을 보이는 것으로 유명하다. 우두머리 늑대는 권력을 남용하지 않고 약한 늑대의 의견에도 귀를 기울일 줄 안다고 한다. 혹여 우두머리 늑대가 독단적인 태도를 보일 경우 새로운 후보자가 기존 우두머리를 공격해도 나머지 늑대들이 묵인하는 모습까지 보인다. 동물학자들은 한 마리씩의 경쟁력이나 적응력은 떨어져도 무리를 지어 살아남아 멸종을 면한 동물들일수록 이렇게 힘과 독식의 리더십과는 거리가 먼 우두머리가 조직을 이끈다고 말한다. 인간보다 몇 수 아래로 생각되는 이런 동물들의 모습은 인간 세계의 리더십에 어떤 메시지를 던져줄까?

좋은 리더십을 위해서는 귀 기울이고, 신뢰를 쌓으며, 서로 존중해야 한다는 것은 이미 다 알고 있다. 하지만 좀 더 구체적이면서도 근본 원리에 충실한 실행 방안은 없을까? 완벽한 정답은 아니더라도 꽤 유용한 방법이 하나 있다. "일을 잘해 만든 성과에 대해서는 상으로만 보상하고 분배를 잘하는 사람은 승진시키는 방법이다.

실제로 맹수 세계의 현명한 우두머리들은 이런 모습을 아주 잘 보여준다. 우두머리 밑에는 사냥을 잘하는 중간 보스들이 여럿 필요하다. 이 녀석들은 다른 중간 보스들과 경쟁하고 있을 것이다. 우두머리는 이 중간 보스들의 행동을 눈여겨본다. 꽤 큰 사냥감을 잡는 데 일조한 다른 경쟁자의 부하에게도 그 먹이를 나눠주는지 여부를 살피는 것이다. 그렇게 하지 않는 중간 보스에게는 성공적인 사냥을 할 경우에 큰 먹이를 주기는 해도 절대 최고 리더의 자리를 물려주지 않는다. 상대적으로 사냥 능력은 다소 약해도 경쟁자의 부하들에게까지 자신이 쟁취한 것을 나눠주는 녀석에게 우두머리 자리를 물려준다. 정말이지 중요한 이야기가 아닐수 없다.

창조와 혁신으로 승승장구하는 기업들은 우리가 상상하는 것 이상으로 조직 내의 경쟁자들에게 이타적이다. 이러한 조직 문화는 어떻게 만들 수 있을까?

"주목할 만한 성과나 실적이 있었다면 돈과 같은 현물로 보상하세요. 하지만 승진은 자신이 받은 상이나 자원을 어떻게 분배하는가를 보고 하셔야 합니다. 왜 그래야 하는가는 이를 반대로 해보시면 금방 알 겁니다. 성과를 기준으로 승진을 시키게 되면 공을 독점하고자 엄청난 갈등이 일어나고 시기와 질투가 난무하게 됩니다. 또한 배분을 공정하게 한 것에 대해 돈과 같은 현물로 보상하면 이번에는 나눠먹기 혹은 검은 커넥션이 자리 잡게 될 것입니다."

지금 잘나가고 있는 회사들의 사내 시스템들 중에도 이와 직결되는 것들이 도처에 있다. 예를 들어, 구글 Google 은 실제로 자기 부서의 고민거리를 위해 좋은 아이디어를 내놓는 타 부서 사람들에게 우리 돈으로 적게는 수만 원에서 많게는 수십 수백 만 원에 달하는 감사 쿠폰을 지급할 권한을 중간 간부들에게 부여하고 있다. 이에 못지않게 중요한 것은 그 쿠폰이 어떻게 사용되는가 역시 당연히 관찰되고 있을 것이라는 점이다.

●●● 나쁜 습관 버리기

작심삼일로 끝날 것을 뻔히 알면서도 줄기차게 세우는 목표가 있다. 바로 금연과 다이어트다. 흡연과 무절제한 식습관이 얼마나 나쁜지 너무나 잘 알면서도 그 습관을 끊기는 쉽지 않다. 그러고는 흔히 자신의 의지력을 탓하곤 한다. '내 의지로는 역시 불가능한 일이었어.' 그렇다. 나쁜 습관 버리기는 굳센 의지로 해결할 사안이 아닐 수 있다. 습관에 관한 심리학자들의 연구들을 통해 나쁜 습관을 없애기 위한 다른 방법을 모색해보자.

습관이란 무엇인가? 오랫동안 누적되어 부지불식간에 행해지는 생각과 행동을 일컫는다. 그런데 나쁜 습관을 의지로 없애는 것이 가능할까? 여기에 강한 회의를 품고 있는 심리학자가 있다. 바로 플로리다 주립대학의 저명한 심리학자 로이 바우마이스터 Roy Baumeister 교수다. 그는 관행이나 습관을 의지력으로만 바꿀 수 있다는 생각이 얼마나 위험한가를 늘 역설하는 것으로 유명하다. 그가 자주 언급하는 자아 고갈 ego depletion 현상을 먼저 알아보자. 자아 고갈 현상은 억지로 뭔가를 하지 않으려고 자신을 채찍질하면 이후의 다른 상황에서 자제력을 발휘하려 하지 않거나 통제력을 상실한다는 것이다.[29] 바우마이스터 교수가 직접 연구한 실제 사례가 있다.

아주 감동적인 영화를 사람들에게 보여준다. 매우 격한 감정을 느끼지 않을 수 없다. 그런데 어떤 사람들에게는 자신이 느낀 격한 감동과 흥분을 일체 표현하지 말고 자제하도록 했다. 그런 뒤에 물건을 오래 쥘 수 있는 힘을 재는 기구인 악력계를 쥐고 버텨보라고 했다. 이 사람들은 자신의 감정을 자유롭게 드러낼 수 있었던 사람들에 비해 악력이 훨씬 약한 것으로 측정되었다. 또 다른 예도 있다. 초콜릿이나 달콤한 과자를 눈앞에 두고 먹지 말고 참으라고 한 경우에도 이후에 부여된 어려운 계산이나 논리 문제를 다른 사람들에 비해 훨씬 일찍 포기한다. 서로 무관한 일들 사이에 왜 이런 관련성이 생기는 것일까? 무언가를 억제하려고 에너지를 쏟아 부은 탓에 다음 일에 쓸 에너지가 거의 남아 있지 않기 때문이다.

이런 현상이 가장 심각하게 나타나는 경우가 언제일까? 바로 나쁜 습관을 끊어낼 때이다. 텍사스대학의 아트 마크먼 Art Markman 교수가 언급한 예를 하나 살펴보자. 어느 회사원이 담배를 끊으려고 노력 중이다. 금연을 하던 중 부하직원의 무성의한 일처리에 부아가 치민다. 하지만 그 부하직원을 공개적으로 나무랄 수 없는 상황이라 자기 감정을 애써 참으며 일을 한다. 그 결과는? 일과가 끝나자마자 편의점으로 달려가서 담배 한 갑을 사서 피운다. 어느덧 흡연 욕구와 대항할 능력이 더는 남아 있지 않기 때문이다.

나쁜 습관은 이렇게 무언가 무관한 일을 많이 억제하고 참아내려 애쓴 이후에 더 강력히 터져 나온다. 심지어 그 무언가를 억제하고 난 뒤에는 좋은 것을 하기 위한 에너지보다 나쁜 것을 참아내는 에너지가 더 빨리 고갈된다. 실제로 위기 상황에서 무언가를 막으려 노력할 때 다른 엉뚱한 습관이 불쑥 튀어나오는 것을 우리는 흔히 목격한다. 그러면 어떻게 해야 할까?

답은 의외로 간단하다. 새로운 대안적 습관과 새로운 상황이다. TV를 보면서 군것질하는 습관을 없애려면 텔레비전을 보면서 손으로 할 수 있는 다른 취미를 가져보는 것이 가장 효과적일 수 있다. 혹시 자신의 의지력만 믿고 대안 없이 무작정 나쁜 습관을 끊어내려 하고 있지 않은가? 만일 그렇다면 전혀 엉뚱한 시점에 느닷없이 자신의 악습을 재확인하는 결과만 낳을 수 있다.

••• 더러운 돈에 대한 심리

우리말에 '개같이 벌어서 정승처럼 쓴다'는 표현이 있다. 사전을 찾아보면 '돈을 벌 때는 더럽고 천한 일이라도 하면서 벌고 쓸 때는 떳떳하고 보람 있게 쓰는 경우를 비유적으로 이르는 말'이다. 그러면 개같이 번 돈은 어떤 돈일까? 두 가지 경우를 생각해볼 수 있다. 첫째는 '매우 어려워 남들이 하기 싫어하는 일을 고통스럽게 해냄으로써 번 돈'이다. 둘째, '과정이 옳지 못한, 다시 말해 부정한 방식으로 번 돈'이다. 이 둘은 각각 '어렵게 번 돈'과 '더러운 돈'으로 정리할 수 있다. 그런데 똑같이 개같이 번 돈이라도 이 둘 중 전자만 정승처럼 쓰는 것이 가능하다. 그 이유를 알아보자.

중국 중산대학의 시니우에 주 Xinyue Zhou 교수 연구진, 멜버른대학의 니콜 미아드 Nicole Mead 교수, 그리고 로이 바우마이스터 교수 등 여러 국적의 심리학자들이 재미있는 연구 결과를 공동으로 발표했다.[30] 이들은 사람들이 '더러운 돈'에 어떻게 가치를 매기는지 알아보는 실험을 진행했다.

먼저, 사람들에게 이렇게 말한다. "당신은 50달러짜리 상품권에 당첨되었습니다. 그리고 그 상품권은…" 여기서부터 사람들이 받는 정보가 달라진다. 어떤 사람들에게는 그 상품권이 일반적인 기업에서 제공하는 것이라고 이야기해준다. 이 사람들이 속한 집단은 깨끗한 돈 집단 clean money group 이다. 나머지 절반에 해당하는 사람들에게는 같은 금액의 상품권이 도덕적으로 문제 있는 기업이 제공한 것이라고 말해준다. 즉 더러운 돈 집단 dirty money group 이다.[31] 그리고 두 집단 모두에게 그 상품권으로 살 수 있는 생필품의 개수와 종류를 묻는다.

그 결과 뚜렷한 차이가 나타났다. 깨끗한 돈 집단에서는 그 상품권으로 우유, 빵, 과자, 아이스크림 등 다양한 종류의 많은 물건을 살 수 있다고 응답했다. 반면, 더러운 돈 집단의 경우 개수와 종류에 있어 절반 정도에 해당하는 것만 살 수 있다고 답했다. 즉 사람들은 더러운 돈에 대한 가치를 평가절하했다.

게다가 더러운 돈은 사람들을 더 이기적으로 만드는 것으로도 나타났다. 더러운 돈을 받은 경우 타인에게 나눠주거나 공평하게 동료와 분배하려는 경향이 훨씬 더 약하게 나타났다. 또 다른 결과도 있다. 더러운 돈을 받은 사람은 깨끗한 돈을 받은 사람들보다 일정 수준의 위법한 일을 할 의향을 묻는 질문에 '그렇게 하겠다'라는 응답을 훨씬 더 많이 했다. 심지어 더러운 돈은 불공정한 제안을 거부하는 행동도 감소시키는 것으로 나타났다.

결론은, 정승처럼 쓰려면 개같이 벌더라도 정당하고 깨끗한 방식으로 돈을 벌어야 한다. 특히 회사에서는 부정한 방법으로 매출을 올릴 경우 기업의 자산에 대한 가치절하, 이기심, 위법성, 불공정함이 사내에 스며들 여지가 크다. 그러니 깨끗하게 돈을 벌어야 한다. 그리고 그 점을 구성원들에게 분명하게 인식시키는 것도 잊지 말아야 한다.[32]

●●● 욕구에 떠밀려 기회를 잃다

사람은 어떤 것에 대해 욕구를 느끼면 그 욕구의 충족과 무관한 생각과 행동에도 상당한 영향을 받는다. 그 영향력은 매우 크지만 우리는 좀처럼 인식하지 못한다. 텍사스대학의 아트 마크먼 교수와 노스웨스턴대학의 미구엘 브랜들 Miguel Brendl 교수 등이 진행한 실험 연구를 살펴보자.[33]

첫 번째 예다. 당첨되면 무려, 1,000달러를 받을 수 있는 복권이 있다. 대학생들에게 이 복권의 구입 가격이 얼마까지면 사겠느냐고 물어본다. 확률도 꽤 높은 편에 속하는 복권이다. 캠퍼스 이곳저곳에 위치해 있던 대부분의 학생들은 평균적으로 1.8달러 정도의 금액을 지불할 용의가 있다고 응답했다. 그런데 재미있게도 그 평균의 절반밖에 되지 않는 0.9달러 정도만 지불할 용의가 있다고 응답한 학생들이 있었다. 그 학생들이 있었던 장소는 등록금을 내기 위해 줄을 서 있는 창구 앞이었다(인터넷으로 등록금을 납부할 수 없었던 시절의 실험이다).

두 번째 예다. 2시간 가까이 진행되던 회의가 방금 전에 끝났다. 흡연자들은 담배 한 개비 피우고 싶은 생각이 간절할 것이다. 그 사람들이 밖에 나와 이제 막 담배를 피우려 하기 직전에 질문을 한다. 새로 나온 전자제품을 받을 수 있는 당첨 확률이 꽤 높은 복권 가격이 얼마까지면 사겠는가이다. 평균적으로 1.4달러 정도라고 대답한다. 그런데 같은 회의를 마치고 나온 비흡연자인 다른 사람들에게 같은 질문을 해봤다. 그들의 응답은 평균 2.4달러였다. 현격한 차이다.

왜 이런 차이가 나타날까? 어떤 형태든 인간이 특정한 욕구를 가지게 되면 독립적이거나 무관한 대상에 대한 생각과 행동에도 어떻게든 영향을 받기 때문이다. 등록금을 내려고 줄을 선 학생들의 욕구는 빨리 등록을 마치는 것이다. 지루한 회의를 마치고 나온 흡연자들의 욕구는 어서 담배를 하나 피우는 것이다. 그런 상황에서 당장의 욕구와는 별 상관없어 보이기는 하지만 또 다른 기회인 복권이 제시된다. 이때 사람들은 그 기회를 위해 치를 수 있는 비용을 훨씬 더 박하게 책정한다.

우리는 자신에게 온 기회를 이런 식으로 놓치는 경우가 허다하다. 지금 당면한 요구나 욕구를 충족시키는 것과는 무관하지만 조금만 더 생각해보면 향후 중요한 기회가 될 수 있는 것들을 위해 충분한 값을 치르려 하지 않는다. 이렇게 미래를 위한 기회가 소리 없이 부지불식간에 사라지곤 한다. 오늘부터라도 당장의 욕구에 떠밀려 소중한 기회를 잃고 있지는 않은지 꼼꼼히 확인해보라.

4장

선택의
순간과
심리적 함정

●●● 한꺼번에 세운 계획이 산으로 가는 이유

이런 경험들 해본 적 있을 것이다. 장 볼 때 한 번에 많은 물건을 사게 되면 '이것저것' 카트에 담는다. 하지만 소량씩 구매할 때는 늘 사게 되는 물건만 산다. 스탠포드대학의 이타마르 시몬손 Itamar Simonson 교수는 이 점에 착안해 다양화 편향 diversification bias 에 관한 연구를 진행한다. 한 번에 여러 선택을 하게 되면 다양한 선택을 하려는 경향을 보인다는 것이다. 다양한 선택이란 말은 언뜻 좋게만 들릴 수 있지만 어두운 측면도 존재한다.

학생들에게 다과회를 겸하는 수업에서 자신이 먹고 싶은 과자를 고르게 한다. 종류는 모두 6개다. 그 수업은 매주 월요일에 있으며 앞으로 4주간, 총 네 번 열린다. 어떤 학생들에게는 매주 월요일 수업이 시작되기 직전 그때그때 과자를 고르게 했다. 그리고 다른 학생들에게는 첫 주에 앞으로 4주간 매수업에서 먹을 과자를 한꺼번에 고르게 했다. 차이는 극명하게 나타났다.

수업이 시작할 때마다 과자를 고른 학생들은 선택한 과자가 거의 동일했다. 어찌 보면 당연한 결과다. 각자 원래부터 좋아하는 과자가 있을 테고, 매번 자신이 가장 좋아하는 과자를 택했을 것이기 때문이다. 그런데 4번의 수업에 먹을 과자를 미리 한꺼번에 선택한 학생들은 서너 종류의 과자를 골랐다. '첫 주에는 이걸 먹고 다음 주에는 저걸 먹어야지'라고 생각한 결과다. 그러다 보니 어떤 수업시간에는 자신이 가장 좋아하는 과자가 아닌 다른 것을 먹어야 하는 상황이 발생한다. 당연히 자신의 선택을 후회할 공산이 크다. 이것이 이른바 다양화 편향이고 함정이다.

연말연초가 되면 많은 이들이 한 해를 위한 계획을 세운다. 그리고 대개는 이 계획을 한 번에 다 짜려고 한다. 이 경우, 위 실험에서 4번에 걸쳐 먹을 과자를 한 번에 고른 탓에 언젠가는 별로 좋아하지도 않는 과자를 먹어야 하는 학생들과 다를 바 없게 된다. 실제로 이런 일은 꽤 자주 발생한다. 새해 계획을 보면 굳이 하지 않아도 되거나 할 필요가 없거나 할 수 없는 것들이 백화점 식으로 나열되어 있는 경우가 많다. 마치 1월부터 12월까지 12칸을 12개의 각기 다른 계획으로 채워야 한다는 강박의식에 사로잡힌 것처럼 말이다.

그런데 또 한 가지 재미있는 현상이 있다. 연초의 야심차고 패기 있는 목표들이 시간이 지나가면서 점점 더 소심하게 위축되는 현상이다. 단순히 현실적 요인들이 개입되어서일까? 아닌 측면도 있다. 스스로 그렇게 몰아갈 수도 있기 때문이다. 행동경제학자이자 노벨경제학상 수상자인 시카고대학의 리처드 탈러 Richard Thaler 교수가 한 말을 잠시 인용해보자. "1920년대에 미국 주식에 투자된 1달러는 1998년 1,800달러의 가치가 되었지만 같은 기간 채권에 투자된 1달러는 인플레이션으로 인해 단 15달러의 가치에 불과하다. 그런데 1년에 한 번 또는 5년에 한 번 주식 평가를 했던 사람들은 자금의 2/3를 주식에 투자한 반면 1년에 8번 주식 평가를 했던 사람들은 자산의 59%를 채권에 투자하는 더 위험 회피적 성향을 보였다." 이는 무엇을 의미할까? 점검을 너무 자주하면 시야가 좁아지고 근시안적으로 바뀌면서 모험을 시도하려는 마음이 위축되고 더 소심해진다.

연초에 세운 계획이 너무 문어발식으로 이것저것 포함하고 있지는 않은가? 혹은 시간이 지날수록 목표 달성 의지가 꺾이고 소심한 생각이 자꾸 고개를 들진 않는가? 그렇다면 한번 되돌아보라. 시작 전 계획을 너무 한꺼번에 만들지 않았는지. 그리고 이후의 '점검'을 너무 자주 하고 있지 않은지. 전자는 역량을 분산시키고 후자는 소심하게 만들 가능성이 높다.

●•∘ 시간은 최고의 설득 전략이 될 수 있다

두 개의 중고 사전이 있다. 사전 A는 수록된 단어가 1만 2천 개이고 표지가 꽤 낡았다. 사전 B는 수록된 단어가 1만 개로 적지만 표지가 상당히 새것에 가깝다. 두 사전을 동시에 보여주고 사람들에게 물어본다. "어느 것을 구입하겠습니까?" 그러면 대부분의 사람들이 사전의 두께를 슬쩍 보고 난 뒤 A를 사겠다고 말한다. 그러면서 "사전은 자고로 수록된 단어가 많아야지"라고 A를 선택한 이유를 말한다.

그런데 사전 A와 B를 동시에 꺼내놓지 않고 시간차를 두고 보여주면 재미있는 현상이 관찰된다. 예를 들어, 사전 A를 보여주고 난 뒤 구매자의 눈앞에서 치운다. 그러고 나서 사전 B를 보여준다. 이렇게 하면 두 사전을 동시에 눈앞에 두고 비교할 수 없게 된다. 이제 사람들의 선택은 B쪽으로 더 많이 쏠린다. 그러면서 "더 새것 같은 표지가 마음에 들어서"라는 식으로 선택 이유를 말한다.

이 현상을 평가성 효과 evaluability effect 라고 부른다. 시카고대학의 행동과학자인 크리스토퍼 씨 교수에 따르면 이 불일치의 이유는 다음과 같다. 사전 A와 B를 동시에 봤을 때 사람들은 용이하게 상대비교를 할 수 있다. 이 경우 상대비교가 쉬운 요소인 두께, 즉 사전의 분량을 더 중요한 속성으로 평가한다. 하지만 사전 A 혹은 B 어느 하나를 먼저 보고 난 뒤 나중에 다른 하나를 보게 되면 이제 상대비교는 어려워지고 대신에 질적인 느낌(새것과 낡은 것)이 더욱 중요한 평가의 잣대가 된다.

이와 관련해 실제로 내 연구진도 비슷한 실험을 진행한 적이 있다. 저장용량이 더 크거나 CPU 속도가 더 빨라 상대비교했을 때 더 우수한 전자제품인 C와 상대비교에서는 밀려도 다른 제품에는 없는 질적인 차이를 갖춘 같은 종류의 전자제품 D를 보여주고 학생들에게 어떤 것이 더 마음에 드는가를 물었다. 동시에 보여주면 학생들은 대부분 C를 선택한다. 그러면서 "이게 더 빠르잖아요" 혹은 "C가 더 용량이 크네요" 등과 같은 반응을 내놓는다. 하지만 두 제품을 따로따로 보여주면 D를 더 좋아한다. "와! 아까 봤던 C에는 없는 기능이 있네요?"라면서 말이다. 당연히 질적인 차이에 더욱 관심을 뒀기 때문일 것이다. 더욱 재미있는 것은 C와 D를 보여주는 시간차가 길어지면 길어질수록 상대비교에서는 밀리지만 질적인 차이가 있는 D를 더 선호하는 경향이 강해진다는 점이다.

다수의 안案들 중 어떤 것을 선택하는 상황이든, 자신이 만들어낸 무언가를 타인 혹은 소비자들에게 선택받는 상황이든, 내가 가진 장점이 상대비교에서 우위에 있을 때가 있고 질적인 차이에서 우위에 있을 때가 따로 있을 것이다. 일례로 내가 가진 계획이나 만들어낸 물건이 질적인 차별성을 지닐 때 다른 것과 동시에 사람들 앞에 펼쳐놓고 '양자택일'하라고 하는 것은 나를 불리한 게임의 룰에 집어넣는 꼴이 된다. 이럴 경우 흔히 봉착하게 되는 상황이 내가 원하지 않는 대안을 상대방이 고집하는 것이다. 이럴 때는 두 대안을 제시하는 시간에 있어 차이를 벌려줘야 한다. 그렇게 함으로써 상대방으로 하여금 자신이 보지 못했던 것을 발견할 수 있는 여지를 줄 수 있다. 하지만 이를 기다리지 못하고 양자 혹은 삼자택일의 구도로 사람들을 몰아붙이는 경우를 요즘 특히 많이 본다. 이래저래 시간은 최고의 설득 도구라는 것을 잊지 말아야 한다.

••• 내가 흘린 피와 땀

모험과 안정은 우리가 살아가면서 무수히 만날 수밖에 없는 갈림길이다. 투자와 안정, 공격과 방어, 혹은 혁신과 보수 등 이름은 달리하고 있지만 결국 의미하는 것은 한 가지다. 불확실한 모험을 통해 더 큰 것을 추구할 것이냐 아니면 안전한 선택을 위해 작지만 확실한 것을 가질 것이냐이다. 이는 앞으로 일어날 일에 대한 선택같이 생각되지만 실은 상당 부분이 지금까지 걸어온 길을 얼마나 길고 굴곡 있게 보느냐에 의해 결정된다.

두 가지 게임이 있다. 게임 A는 1억 원을 받을 수 있는 확률이 100%다. 게임 B는 1억 원을 받을 확률이 80%, 5억 원을 받을 확률이 10%, 아무것도 받지 못할 확률이 10%다. 당신이 참가자라면 둘 중 어떤 게임을 하겠는가? 대부분의 사람들이 게임 B를 고른다. 실제로 얻을 수 있는 금액에 확률을 곱한 값인 기대가치에 있어서도 B(0.8억 원+0.5억 원=1.3억 원)가 A(1억 원)보다 더 크기 때문이다.

그런데 재미있게도 A와 B를 게임이 아닌 다른 관점으로 보게 만들면 사람들의 선택이 완전히 달라진다. 예를 들면 이렇게 말해주는 것이다. "당신은 지난 1년간 매우 열심히 일을 했다. 올해 연봉으로 두 옵션 중 하나를 제시하고자 한다. A(게임 A와 같다)와 B(게임 B와 같다) 어느 옵션을 선택하겠는가?" 그러면 사람들은 거의 다 A를 선택한다. 사람들의 반응은 이렇다. "1년 동안 열심히 일한 대가를 받는 것인데 어떻게 아무것도 받지 못하는 경우가 있을 수 있어? 그런 일은 결코 있어서는 안 되지!" 보통 이런 식이다.

다른 상황에서도 이러한 반전을 얼마든지 만들 수 있다. 앞의 게임에서 사람들은 대부분 B를 선택했다. 좋은 말로는 모험이고 나쁜 말로는 좀 더 위험한 선택이다. 게임을 하러 간다고 해놓고 꽤 오랜 시간을 걸어 게임 장소에 도착하게 하거나 긴 시간을 기다리게 한 다음, 같은 게임인 A와 B를 제시하면 B를 선택하는 사람들의 숫자가 확연히 줄어든다. 이제는 안전한 선택을 한다. 사람들은 '나의' 수고가 많이 들어간 돈과 그렇지 않은 돈을 확연히 다르게 취급한다. 그 수고가 커지면 커질수록 사람들은 그 수고로 얻을 수 있는 이득에 대해 확실하고 안전한 선택을 한다. 반면 별다른 수고 없이 누군가로부터 주어지는 것에 대해서는 나의 피땀으로 무엇을 한다는 생각이 줄어들면서 훨씬 더 모험적인 선택이 가능하게 된다.

자, 이제 이 원리를 현실에 적용해보자. 공동으로 보유 중인 일정한 자원이 있다고 치자. 그런데 상대방이 그 자원을 낭비하거나 무책임하게 다룬다면 당연히 속이 편할 리 없다. 그렇다고 무작정 아껴 쓰라거나 함부로 다루지 말라고 호소해봤자 둘 사이에 앙금만 쌓이기 십상이다. 이때는 비난이나 원망의 말을 잠시 멈추고, 상대방으로 하여금 그 자원을 열심히 만들어낸 과정이나 노력을 되새기게 해보자. 지금까지 쏟아 부은 땀과 노력의 결실로 얻은 그 자원을 낭비하거나 헛된 모험을 하는 경우가 꽤 줄어들 것이다.

반면, 미래를 위해 도전하고 좀 더 노력을 기울이게 만들고 싶다면 '지금까지 오랫동안 노력한 대가를 받기 위해서'라는 위험한 말은 자제하자. 노력의 대가를 떠올릴수록 사람들은 지극히 안전하고 확실한 대안만을 보려 하기 때문이다. 따라서 지금까지의 노력과 성과를 잠시라도 머릿속에서 깨끗이 지워낼 수 있도록 해주는 게 좋다. 경우에 따라 필요하다면 기존의 성과를 의도적으로 평가절하할 필요도 있다. 우리는 같은 자원을 놓고 모험적인 게임을 할 수도 있고 지키기 위해 안간힘을 쓸 수도 있다. 이는 현재의 자원이 어디서부터 어떻게 왔는가를 어떤 눈으로 보는가에 달려 있다.

••• 장단점이 뚜렷한 사람들의 손해와 기회

많은 조직에서 승진과 퇴진의 희비가 엇갈린다. 한번 생각해보자. 승진 대상은 여전히 그 조직에서 많은 활동이 기대되는 사람이고 퇴진 대상은 이제 별다른 기여의 여지가 없는 사람일까? 아닐 수도 있다. 상황이 약간 바뀌면 얼마든지 다른 결과가 나올 수도 있기 때문이다. 승진 혹은 잔류라는 기쁨과 안도의 결과를 받아든 사람들을 불편하게 하려는 의도가 결코 아니다. 다만, 선택과 배제라는 결과가 만들어지는 과정을 좀 더 정밀하게 들여다보자는 의미로 꺼낸 얘기일 뿐이다. 프린스턴대학의 심리학자 엘다 사피르 Eldar Shafir 교수의 이야기를 잠시 빌려보자.[34]

사피르 교수에 의하면 선택(잔류나 승진)과 거절(퇴진)은 사실 우리의 상식보다 훨씬 더 동전의 양면처럼 가깝다. 그의 대표적 실험을 통해 알아보자. 사람들에게 다음과 같은 주문을 한다. "당신은 이혼소송의 배심원입니다. 이 부부는 매우 험난한 이혼과정을 겪었습니다. 그리고 현재 양육권을 두고 서로 다투고 있습니다. 부모 A와 B 중 한 사람에게만 양육권이 돌아갈 것입니다." 이후 사람들은 A와 B 두 사람에 관한 정보를 제공받는다. 부모 A는 수입, 건강, 직장 근로시간, 아이와의 관계, 사회생활 등 모든 부분에 있어서 평균적인 사람이다. 반면 B는 수입이 매우 좋으며, 아이와의 관계 역시 매우 친밀하다. 하지만 사회생활에 할애되는 시간이 무척 많고 업무 관련 출장도 잦다. 건강에도 약간 문제가 있다. 요약하자면 A는 모든 면에서 무난한 사람이고 B는 장단점이 뚜렷한 인물이다.

이렇게 정보를 주고 이제 사람들에게 다음과 같은 질문을 한다. "둘 중 어느 쪽이 양육권을 포기해야 하는가?" 그러면 부모 B의 양육권을 박탈해야 한다는 주장이 더 우세하다. 이번에는 이렇게 물어본다. "둘 중 어느 쪽이 양육권을 가져야 하는가?" 이 질문에도 부모 B가 양육권을 가져야 한다는 주장이 더 우세하다. 질문만 살짝 바뀌었을 뿐 상황은 동일한데도 탈락해야 하는 사람과 선택돼야 하는 사람 모두 장단점이 뚜렷한 B가 되는 셈이다.

또 다른 예를 들어보자. 휴양지 A는 날씨, 해변, 호텔, 오락시설 등 대부분의 측면에서 모두 중간 수준이다. 반면 휴가지 B는 어떤 측면에서는 평균 이상이고 또 다른 측면에서는 평균 이하다. 두 곳을 모두 예약했는데 날짜가 다가와 어느 하나를 취소해야 한다. "어느 것부터 취소하겠는가?" 하면 꽤 많은 사람들이 장단점이 분명히 갈리는 휴양지 B를 포기하겠다고 한다. 반대로 "두 휴양지 중 꼭 가봐야 하는 곳은 어디겠는가?"라고 하면 사람들은 휴양지 B를 압도적으로 많이 선택한다.

왜 이런 일이 발생할까? 긍정적인 속성은 취할 것을 선택할 때 더 크게 부각되기 마련이다. 그리고 부정적인 속성은 거부할 때 더 크게 다가온다. 따라서 무언가를 누락시킬지 여부를 먼저 보게 되든, 선발 혹은 선택할지 여부를 먼저 보게 되든, 장단점이 뚜렷한 사람은 가장 불리하거나 유리한 입장에 놓인다. 그리고 어느 잣대부터 먼저 적용되는가에 영향을 미치는 상황적 요인은 무수히 많다. 사실 거의 통제 불가에 가깝다고 보는 것이 맞을 것이다.

그러니 조직으로부터 퇴진 결정을 받았더라도 낙심하지 말고 이렇게 생각하면서 새 출발의 힘을 내보면 어떨까? '나는 장단점이 뚜렷한 사람이다. 그래서 포기나 배제라는 관점

이 우선시되는 상황에서 애석하게도 기회를 놓쳤을 뿐이다'
라고 말이다. 또한 어떤 대안을 선택하거나 배제해야 할 입장
에 놓여 있다면, '선택과 배제 둘 중 어느 잣대를 적용하더라
도 과연 같은 결론에 이르렀을까?'라는 자문을 통해 판단에
조금 더 신중을 기할 수도 있을 것이다.

●●◦ 카지노와 백화점에 창문과 시계가 없는 이유

카지노에는 대표적으로 3가지가 없다. 창문, 거울, 시계
다. 이는 당연한 조치다. 밤 새워 도박을 하다가도 창문 너머
새벽동이 트는 모습을 보는 순간 사람들이 도박을 멈출 수 있
기 때문이다. 거울을 통해 도박에 지친 자기 모습을 보고도
순간적으로 같은 결심을 할 수 있다. 또는 시계를 보고 "아참!
지금 OO할 시간이지!" 하며 원래 예정된 일을 하러 도박장
을 나설 수도 있다.

백화점은 어떨까? 카지노와 마찬가지로 두 가지는 확실
하게 없지만 나머지 하나는 곳곳에 깔려 있다. 바로 거울이

다. 거울을 보면서 현재의 초라한 내 모습과 손만 뻗으면 닿는 거리에 있는 수많은 화려한 물건들로 한껏 치장한 자신을 비교해 빨리 구입하지 않고는 견디지 못하게 만들기 위해서다.[35] 이런 단편적인 사실들도 조금만 더 깊게 생각해보면 우리가 언제 무엇을 어떻게 해야 하는가에 대한 중요한 단서가 된다.

카지노가 3가지를 모두 볼 수 없게 만드는 것은 이미 사람들이 도박에 몰입되어 있기 때문이다. 그런데 백화점에서 사람들이 해야 하는 것은 몰입이 아니다. 순간순간 눈에 들어오는 수많은 상품들에 대해 살지 말지를 결정만 하면 된다. 즉, 카지노와 백화점은 몰입과 결정의 상황으로 구분된다. 그리고 그 둘의 가장 중요한 차이는 거울의 유무로, 자아를 보느냐 보지 않느냐이다. 무언가에 몰입해 있는 사람에게 자신을 순간순간 되돌아보게 하는 것은 결코 도움이 되지 않는다. 그래서 몰입을 '무아 無我'의 경지라고 하지 않는가. 하지만 결정은 자기 자신에 대한 들여다봄이 없으면 결코 이루어지지 않는다. 조언과 정보는 타인에게 얼마든지 의존할 수 있지만 결정은 결국 스스로 하는 것이니 말이다. 같이 간 친구들의 구입 권유가 아무리 열화와 같아도 거울 속에 비친 내 모습이 예쁘거나 멋있게 보여야 구입이라는 결정을 한다. 따라서 결정을 내려야 하는 순간이 임박했다면 이제 자신을 볼 수 있는 환경으로 옮겨가는 게 좋다. 거울 앞이든, 혼자 있는 시간이든, 잠시라도 스스로를 들여다보아야 한다.

자, 그렇다면 이제 몰입과 결정의 공통 요인만 남는다. 무엇이 공통적으로 필요할까? 지금까지 얼마나 시간과 노력을 쏟아 부었는가, 즉 진도(창문)와 지금이 무엇을 해야 할 시점인가, 즉 일정(시계)에 관한 생각을 하지 않도록 해주어야 한다는 점이다. 그런데 이 둘을 제거하기는커녕 오히려 자꾸 확인하게 만드는 요소가 있다. 바로 회의다. 아무 생각이나 고민 없이 회의를 촘촘히 주기적으로 하는 것은 몰입을 즐기는 사람이나 몰입이 필요한 상황 모두에 극히 위험하다.

조직의 상황에 빗대어 좀 더 생각해보자. 조직에는 이른바 1/n로 나눠하기 방식이 통하지 않기 때문에 그 일에 미쳐 있는 일부 구성원이 필요한 일이 있다. 그것이 무엇일까? 답은 이미 앞에 나와 있다. 도박이다. 즉, 위험이 뒤따르는 일이 여기에 해당한다. 이런 일은 누군가 나서서 '당신은 이 일, 자네는 저 일' 하면서 쪼개주지 말아야 한다. 그보다는 몰입조와 지원조로 나누는 게 좋다. 그리고 지원조는 몰입조를 대신해 창문과 시계에 해당하는 이른바 루틴routine 한 일들을 처리해줘야 한다. 그런 일들은 역시나 대부분 종류만 다를 뿐 결국 사람이 모이는 회의에 관련된 일들이다. 아무리 작고 사소한 회의라도 얼마나 쉽게 몰입을 해치는지 경험해본 사람이라면 쉽게 수긍할 수 있을 것이다.

그렇다면 몰입과 결정에 대한 중요한 결론에 도달하게 된다. 위험이 뒤따르는 일에 몰입하도록 하려면 회의실로 부르지 말아야 하며, 비용이 뒤따르는 결정을 위해서는 잠시라도 회의실 밖으로 내보내줘야 한다는 결론이다.

●●● 평범한 다수와 똑똑한 소수

선조들의 지혜가 담겨 있다는 사자성어나 속담도 간혹 서로 상충하는 경우가 있다. 그중 대표적인 것이 다다익선과 과유불급이다. 속담으로 치자면 '백지장도 맞들면 낫다'와

'사공이 많으면 배가 산으로 간다'에 해당한다. 도대체 둘 중에 무엇이 맞을까?

영국의 유명한 퀴즈쇼《누가 백만장자가 되고 싶은가? Who Wants to Be a Millionaire? 》를 보면 우리나라 퀴즈쇼에서도 흔히 볼 수 있는 장면이 종종 나온다. 참가자가 정답을 모를 때 선택할 수 있는 일종의 찬스 옵션으로 '시청자들의 선택'을 알아보거나 그 방면의 전문가인 친구에게 전화를 걸어 묻는 것이다. 결과는 주로 시청자, 즉 다수인 대중의 선택이 옳은 것으로 판명난다. 전자는 91% 후자는 65%의 정답률을 보인다. 이를 두고 〈뉴욕 타임스〉와 〈월스트리트 저널〉 등의 유명 경영 칼럼니스트 제임스 서로위키 James Surowiecki 는 자신의 책 이름을 따서 '대중의 지혜 Wisdom of Crowds '라고 부른다. 이른바 '평범한 다수가 똑똑한 소수보다 낫다'는 주장이다. 일리 있는 말이다. 하지만 이것이 항상 옳을까? 당연히 아니다. 똑똑한 소수가 평범한 다수보다 훨씬 더 지혜로울 수 있기 때문이다. 그렇다면 언제 그리고 왜 '평범한 다수'와 '똑똑한 소수'는 나름의 장점을 최대한 발휘할 수 있을까?

서로위키는 평범한 다수의 힘을 역설하기 위한 예로, 850

개의 구슬이 담긴 투명한 유리병을 보고 몇 개인지 맞추게 한 실험을 언급한다. 응답자들의 모든 추정치는 평균 871개로 실제에 매우 가깝지만 개별 응답자들의 추정치 중 이보다 더 정답에 가까운 것은 없었다. 투자 게임을 시켜봐도 마찬가지다. 투자 예측 전문가 한 명보다는 다수 비전문가들의 종합된 결과가 더 정확하다는 것이다.

하지만 마리오 피픽 Mario 과 게르트 기거렌처 Gerd Gigerenzer 와 같은 연구자들은 이런 주장에 동의하지 않는다.[36] 이들은 여러 사람이 상의하는 과정에서 반드시 뽑아야 하는 후보를 오히려 더 놓치기 쉽다고 경고한다. 특히 평범한 다수가 협업을 하면 더더욱 그 위험성은 높아진다. 예를 들어, 20명 중 10명을 선발하는 과정에서 실력 있는 면접관 A가 선택한 사람 10명 중 8명이 실제로도 뽑혀야 할 우수한 사람이라고 치자. 그런데 또 다른 면접관 B가 심사에 합류했다. 이 B가 선택한 사람 10명 중에서는 6명이 실제로도 우수하기에 뽑혀야 할 사람이다. 그런데 A와 B의 선택이 겹치는(2표를 획득) 사람이 4명뿐이라면? 이제 1표씩만 받은 A의 6명과 B의 6명은 결국 평균화되고 절충된다. 서로위키의 유리병의 예에서처럼 말이다. 그 과정에서 A가 실수로 뽑은 2명(10-8)과 B가 실수로 뽑은 4명(10-6) 역시 타협되어 결국 그중 3명이 선택된다. 똑똑한 A 혼자 선택했을 때(8명을 제대로 뽑음)보다 B가 추가되어 절충과 타협이 이루어지고 난 뒤 더 나쁜 결과(7명만 제대로 뽑음)가 나온 것이다. 그런데 그 A와 B가 똑똑하지 않고 평범하다면? 다시 말해 비전문가라면? 동시에 선택하는 후보가 기존의 그 4명보다도 더 줄어들 것이다. 편차만 커지니 말이다. 그 결과는 더욱 나빠질 게 뻔하다.

서로위키의 다다익선과 피픽 · 기거렌처의 과유불급 사이의 충돌이다. 전자는 개별 생각 하나하나는 정답에서 크게 멀지만 평균화시키면 정답에 가까워지는 경우, 즉 평균이 힘을 발휘하는 상황을 강조한다. 후자는 평균화된 절충안이 오히려 일을 그르치는 경우를 말한다. 이 둘이 충돌하는 이유가 무엇일까?

그렇다. 답은 평균이라는 말 그 자체에 있다. 평균값은 동일하더라도 구성원이 많으면 많을수록 특이한 값 하나가 더 추가돼도 평균은 영향을 덜 받는다. 다시 말해 다수일 경우 더 안전하다. 예를 들어, 평균이 똑같이 5라 하더라도 10개의 개별 수치들이 만들어내는 평균 5보다는 100개의 수치들에 기초한 평균 5가 이후에 새롭게 추가되는 특이하고 동떨어진(예를 들어, 56이나 74 같은) 값의 영향을 덜 받는다. 즉, 수가 많아짐으로써 소수의 극단적 실수의 영향력을 줄일 수 있다. 서로위키는 똑똑하기에 더 극단적인 실수를 할 수 있는 상황을 방지하기 위한 안전장치로 '대중의 지혜'를 강조한 것이다. 하지만 오히려 그 새롭고 특이한 값이 절실하게 필요한 상황이라면? 다수의 조합은 이제 역효과를 야기할 수밖에 없다. 변화에 둔감해지기 때문이다. 그 특이한 무언가를 발견해내서 변화를 꾀하려고 할 때는 판단하는 사람들의 머리수가 많아지는 것이 오히려 더 큰 걸림돌이 된다.

종합해보자. 커다란 실수나 흠이 있기에 뽑혀서는 안 되는 안*이나 사람은 최대한 다수가 생각을 모아야 한다. 그 평균화된 생각으로부터 크게 이탈하는 부적절한 대상을 배제하기 쉽기 때문이다. 반면 변화와 발전을 도모하기 위해 반드시 선택해야 하는 대상을 놓치지 않기 위해서는 최고의 실력을 가진 소수가 결정해야 한다. 그 대상은 더 이상 다른 불필요한 대안들과 절충되고 타협되지 말아야 하기 때문이다. 이

두 명제를 순서대로 겸비한다면 최고의 선택에 도달할 수 있다. 그런데 이 둘을 순서는 물론이고 정반대로 소수와 다수에 분담시켜 문제를 겪는 경우가 종종 있어 안타까울 때가 한두 번이 아니다. 한 마디 덧붙이자면, 서로위키의 《대중의 지혜》나 기거렌처의 《생각이 직관에 묻다》와 같이 유명한 책들도 어느 하나만 덮어놓고 믿으면 세상의 절반만 보게 된다.

●●● 순서의 함정

일상 속에서 무심코 지나친 것들 중 우리의 판단과 결정에 엄청난 영향을 미치는 요인들은 헤아릴 수 없이 많다. 다만 우리가 그것을 인식하지 못할 뿐이다. 그중 중요한 한 가지가 바로 순서효과다. 더 쉽게 말하자면, 결국 같은 대안들이지만 그 대안들을 검토하는 순서가 바뀌면 다른 결론에도 얼마든지 도달할 수 있다. 우리는 살아가면서 다수의 대안이나 후보들을 검토하고 비교한다. 그런데 비교 과정에서 대안들이 제시되는 순서의 양상에 따라 전혀 다른 측면들이 부각

되곤 한다. 비교는 결국 공통점과 차이점을 보는 것 같지만 그렇게 간단한 일만은 아니기 때문이다.

예를 들어보자. A, B, C 세 대의 자동차가 있다. 연비, 출력, 최고시속에서 자동차 A는 16.3km/L, 190마력, 그리고 시속 200km이다. B는 각각 15.3km/L, 180마력, 최고시속 180km다. 그리고 마지막 C는 각각 14.3km/L, 170마력, 최고시속 170km다. 그런데 자동차 B는 A에는 없는 선루프가 있다. 그리고 자동차 C는 선루프도 있고 크루즈 컨트롤이 있다.

자, 그러면 어떤 자동차가 더 선호될까? A, B, C 순서대로 보여주면 사람들은 대부분 A를 선호한다. 그런데 C, B, A 순으로 보여주면 오히려 C를 선택한다. 무작정 먼저 보여주는 것을 선호하는 것일까? 그건 아니다. B, A, C 혹은 B, C, A 순으로 보여준다고 해서 B를 최우선으로 선호하는 것은 아니기 때문이다. 왜 이런 결과가 나오는 것일까?

우선, A를 선호한다면 그 이유가 무엇이겠는가? 아마도 연비, 출력, 최고속도를 기준으로 다른 자동차들과 '상대비교'해본 결과 A가 더 우위에 있기 때문이다. 그러니 상대비교를 우선시한다면 결코 C를 가장 선호한다는 응답이 나올 수 없다. 그렇다면 어떤 측면을 봐야 C가 가장 좋은 자동차로 생각될까? 당연히 다른 자동차에는 없는 질적인 차이인 선루프와 크루즈 컨트롤이다. 이 두 기능은 다른 자동차에는 없기 때문에 당연히 상대비교가 불가능하다. 요약하자면, A는 상대비교에서 우수한 자동차이며 C는 질적인 차이를 많이 지닌 자동차다. B는 그 중간 어딘가에 위치해 있다. 이때 자동차 A부터 먼저 본 사람들은 A를 기준으로 뒤이어 보게 되는 자동차를 평가한다. 그러니 연비, 출력, 최고시속 같은 상대비교가 용이한 정보들이 부각되어 보인다. 따라서 B와 C가 지닌 질적인 차이에 대한 관심이 덜해질 수밖에 없다. 그런데 C를 먼저 보게 되면 이제 기준이 C가 되면서 중점을 두고 보는 측면이 달라진다. 뒤이어 제시되는 자동차인 B나 A에(질적인 차이인) 선루프나 크루즈 컨트롤 기능이 있는지 없는지를 더 눈여겨보게 된다는 말이다. 당연히 상대비교는 덜하게 된다.

이는 무엇을 의미할까? 어떤 사람이나 대안이 매력적이라고 해도 한 번쯤은 순서를 바꿔서 다시 검토해볼 필요가 있다. 상대비교에서 우위에 있는 대안들이 앞에 제시되면 이제 내 눈은 비교에 용이한 정보들 위주로 뒤따르는 대안을 검토하기 십상이다. 하지만 질적인 차이가 있는 대안을 먼저 보게 되면 뒤에 오는 대안들에 그것이 있나 없나 여부로 관점이 바뀐다. 순서를 바꿔도 같은 결론이 나오면 고민할 필요가 없겠지만 그 결론이 달라졌다면 진정으로 좋은 대안이 아닌 '순서의 함정'에 빠졌을 가능성이 크다. 이럴 경우 어떻게 해야 하는가까지 심리학자에게 굳이 물어볼 필요는 없다. 그 두 순서를 모두 검토해보면 내가 비교우위에 있는 대안과 질적인 차이가 있는 대안 중 어느 것을 더 중요하게 생각하는지에 직면하기 때문이다. 이 상황에 직면하는 것만으로도 자신이 원하는 것이 무엇인지를 좀 더 분명하게 들여다볼 수 있다.

●●● 좋은 판단을 방해하는 요인들

모험과 투자는 당연히 위험 감수가 필요하다. 적절한 상황에서 정확한 판단을 필요로 하는 것은 당연하다. 그러나 지난 수십 년간 심리학자들은 그 판단이 정말 사소하거나 심지어는 무관한 요인들에 의해 얼마든지 영향을 받을 수 있음을 수없이 밝혀왔다. 그러면 인간의 판단은 무관한 요인의 영향을 어느 정도나 받을까? 독일 심리학자 스테판 슐리히 Stefan Schulreich 박사의 연구를 한번 들여다보자.[37]

사람들에게 게임들을 제안한다. 이 게임들은 승률과 따거나 잃을 수 있는 금액이 다양하게 바뀐다. 12만 원을 딸 수 있는 확률이 50%이고 나머지 50%의 확률로 7만 원을 잃는 게임이 나왔다. 그런데 게임을 설명하는 화면 가운데에 겁에 질린 사람의 얼굴이 등장한다. 물론 굳이 이성과 논리를 동원하지 않더라도 이 얼굴이 그 게임과 전혀 관련이 없음은 자명하다. 그런데 놀라운 건 이 얼굴이 얼마나 겁에 질려 있는가의 정도가 그 게임을 하지 않게 만드는 데 상당한 영향을 미친다는 것이다. 더욱 흥미로운 점은 이 얼굴에 신경을 쓸 필요가 없다는 것을 알려준 이후에도 이 효과가 여전히 나타난다는 것이다.

혹시 화면상의 겁에 질린 얼굴로 인해 단순히 기분이 상해서 이런 일이 일어나는 건 아닐까? 연구진은 이번에 그 게임에 대한 설명이 나오기 전에 아주 잠시 동안만 겁에 질린 얼굴을 보여줬다. 단 0.25초간 순식간에 얼굴이 나타났다 사라지게 했다. 이렇게 찰나의 시간이라면 사실 어렴풋하게 볼 수밖에 없다. 그럼에도 불구하고 앞서 보았던 얼굴이 겁에 질린 얼굴일수록 이번에도 사람들이 게임에서 모험을 하는 빈도가 현저하게 떨어졌다. 마찬가지의 결과가 나온 것이다. 이렇게 사람들은 일단 불안함이나 부정적 사건을 경험하면 그 뒤에 오는 무관한 일에 대해서도 생각과 행동에 강한 영향을 받는다. 이 실험에서 그 영향은 모험과 투자를 최소화하는 것이었다. 왜 이런 일이 일어날까?

좋지 못한 사건은 그것이 무엇이든 사람으로 하여금 '다음에 일어나는 일'에 대해 더 주의를 기울이고 대비하게 만든다. 다시 말해 뇌가 각성하면서 준비성을 키운다. 그 준비성은 관련 없는 다음 일에 대해서도 여전히 효력을 지닌다. 따라서 더 조심스러워지고 손실이 있을 수도 있는 게임을 하지 않게 만든다.[38]

이러한 영향력이 언제나 나타나는 것은 아니다. 연구 결과들을 종합해보면 좋은 사건이나 중립적인 사건들은 '다음 일에 대한 영향력'이 상대적으로 적다. 즐겁고 행복한 경험이 직후의 일에 관한 모험 추구 혹은 회피에는 별 영향이 없다는 점은 지금까지의 연구들을 보면 맞는 것 같다. 그렇다고 즐거움과 행복감이 일에 별 영향을 주지 못할까? 결코 아니다. 훨씬 더 중요한 효과가 있기 때문이다.

미국 노스웨스턴대학의 클라우디아 하세 Claudia Haase 교수가 이에 대해 잘 설명해준다. 즐겁고 행복한 경험을 하고 나면 이후의 무관한 일에 임할 때 자발성이 증가한다.[39] 실제로 즐거움과 행복을 느낀 후에 사람들은 단순히 일을 더 잘하거나 못하는 측면에 있어서는 큰 차이를 보이지 않는다. 하지만 장기적으로는 정말 중요한 변화가 일어난다. 사람들은 일에서든 공부에서든 더 많이 질문하고 스스로 할 것들을 찾게된다. 자발성의 증가다. 장기적으로 보면 가장 중요한 측면의 변화다.

사람들을 모험하고 도전하게 만들려면 흥을 돋워 분위기를 조성하는 것만으로는 한계가 명확한 이유가 여기에 있다. 대신 조심스럽고 꼼꼼하게 일처리를 하게 만들려면 사전에 긴장을 조성하는 것이 분명 효과를 발휘한다. 여기까지가 살벌한 분위기 조성이 갖는 단기적인 힘이다.

●●● 자율성의 두 얼굴

어떤 일을 하건 간에 사람들은 자율성을 되도록 많이 가지고 싶어 한다. 이 자율성 혹은 유연성을 영어로는 흔히 'flexibility'라고 표현한다. 일을 진행하면서 순서나 도구를 선택함에 있어서의 융통성을 의미한다. 그런데 이러한 선택의 여지를 많이 갖는 것이 언제나 좋을까? 반드시 그렇지만은 않다. 그렇다면 언제 그리고 왜 좋지 않다는 것일까?

결론부터 말하자면 어떤 일을 시작할지 말지 자체를 결정하기 전에 사람들은 이 자율성을 중요하게 고려한다. 하지만 일단 그 일을 하고자 마음먹거나 결정한 뒤에는 자율성으로 인해 오히려 일의 완수에 방해를 받는 경우가 많다. 중국 푸단대학의 진 리인 Jin Liyin 교수와 스탠포드대학의 후항 쯔치 Huang Szu-chi 교수는 이와 관련해 매우 흥미로운 연구 결과를 발표했다.[40]

연구진은 사람들에게 요구르트 가게의 구매 기록카드를 나눠줬다. 이 카드에 그 가게에서 판매하는 여섯 종류의 요구르트를 다 구입했다는 도장을 받으면 상품을 받을 수 있다. 카드는 두 종류다. 자율적인 구매 기록카드를 받은 사람들은 순서와 상관없이 여섯 종류에 해당하는 요구르트 구매 확인 도장만 받으면 상품을 받을 수 있다. 선택의 여지가 없는 비자율적 구매 기록카드를 받은 사람들은 사전에 정해진 순서대로 요구르트를 구입해 도장을 받아야만 상품을 받을 수 있다.

당연히 사람들은 자율적인 카드를 더 선호할 것이다. 실제 결과도 그렇게 나타났다. 어떤 카드든 구매 전에 매장에 등록해야 했는데, 자율적 카드를 받은 사람들은 30%, 비자율적 카드를 받은 사람들은 단 10%만이 카드를 등록했다. 그 일을 시작(등록)할지를 결정하는 데 있어서는 선택의 여지나 유연함이 클수록 긍정적인 효과가 나타난 것이다. 그런데 재미있는 것은, 등록한 카드를 실제로 완성(6개의 구매를 완료)한 사람은 융통성 없는 비자발적 카드를 받은 쪽이 더 많았다는 점이다.

또 다른 예를 보자. 연구진은 학생들에게 유럽 7개국 여행 계획을 만드는 과제를 제시했다. 한 그룹의 학생들에게는 여행하는 순서를 자유롭게 정할 수 있도록 했고, 다른 학생들에게는 여행 순서에 대한 선택의 여지를 주지 않고 계획을 세우도록 했다. 그러고 나서 과제에 대한 참여 의사를 묻자 각각 85%와 66%의 학생들이 과제에 참여하겠다고 응답했다. 그런데 다른 클래스의 학생들을 대상으로 한 실험에서는 정반대의 양상이 관찰됐다. 이 학생들에게는 참여 여부를 말할 기회가 주어지지 않았다. 따라서 일단은 무조건 시작해야 하는 상황이다. 이 경우에는 여행 순서를 선택할 여지가 있는 학생들 중 53%만이 그 과제를 완료했다. 하지만 순서에 대한 선택의 여지가 없는 학생들은 72%나 그 과제를 완료했다. 이번에도 재미있는 불일치다. 선택의 폭과 자유가 클수록 그 일을 하려는 경향이 커지지만, 일단 해야 하는 상황이 되면 오히려 그 여지가 일의 완료를 방해하니 말이다. 왜 이런 현상이 발생하는 것일까?

일을 시작하기 전에는 자유롭게 계획할 수 있는 여건이 동기를 배가시킨다. 하지만 일을 하면서 다음 일로 무엇을 해야 하는가를 고민하게 되면 일은 더욱 어렵게 느껴진다. 동시에 두 가지 생각을 해야 하니 말이다. 이는 우리에게 어떤 메시지를 전달해줄까?

사람들이 선호하는 일일수록 유연함이나 융통성이 매력 포인트일 가능성이 크다. 하지만 이런 일일수록 하겠다고 결정할 때의 자신감과 실제 그 일을 끝까지 완수할 가능성 사이의 괴리가 커질 확률이 높다. 따라서 어떤 일이든 하겠다고 결정하고 난 뒤에는 그 일을 바로 시작하지 않는 게 좋다. 거기서 잠시 멈추고 어떤 순서 혹은 어떤 형태로 일을 해나갈까를 새로 고민하고 심도 있게 계획해야 한다. 곧장 그 일을 시작할 경우 매력적으로 보였던 융통성과 자유로움으로 인해 그 일의 진행이 뒤틀리게 되고 일의 성공적인 완수는 점점 더 요원한 일이 된다. 우리가 어떤 일을 예상보다 만족스럽지 못하게 진행하는 이유가 바로 여기에 있다. 결정을 위한 계획과 실행을 원활하게 하기 위한 계획은 각각 따로 하는 게 좋다.[41]

●●● 선택하지 않는 것도 선택이다

지금은 그러지 않지만 꽤 오래 전에는 기말고사를 앞둔 학생들에게 '이번 기말고사에서 객관식과 주관식 중 어느 유형의 비율을 더 높게 하는 게 좋을지' 묻곤 했다. 선택의 폭을 넓혀주기 위해 주관식대 객관식의 비율을 7대 3, 5대 5 혹은 3대 7 등 여러 가지로 제시해주었다. 어떻게든 선택은 이루어졌다. 사실 거의 10년 전 일이라 학생들이 어떤 안을 택했는지 잘 기억도 나지 않는다. 하지만 분명히 기억하는 것은 시험이 끝난 후 꽤 많은 학생들이 이런 건의를 했다는 사실이다. "시험문제 출제 방식을 바꿔주세요!" 한마디로 만족스럽지 않았다는 의미다. 꾀가 좀 생겨 그 다음 학기에는 양자택일로 선택안을 제시했다. 주관식 70% 안과 객관식 70% 안 이렇게 단 두 가지를 내밀었다. 이번에도 수는 좀 줄었지만 여전히 무시할 수 없는 수의 학생들이 불만족스럽다는 의사를 표시했다. 그래서 그 다음 학기에는 주관식 70% 안에 찬성하는지 여부를 물었다. 그랬더니 학생들이 반대를 했다. 다음으로는 객관식 70% 안을 물었다. 이번엔 학생들이 압도적으로 찬성을 했다. 그리고 시험문제의 객관식-주관식 출제 비율에 대한 어떤 불평도 듣지 않았다.

　학생들이 바보가 아닐 텐데 먼저 두 학기와 마지막 학기 사이에 왜 이렇게 뚜렷한 차이가 나타났을까? 사실 내 강의를 수강한 그 세 학기의 학생들은 각각 인간의 선택이 작동하는 원리에 충실했을 뿐이다. 선택의 대안이 많을수록 선택된 것에 대한 만족도가 떨어지기 십상이라는 현상을 다시금 확인시켜준 것이다. 이는 선택되지 않은 것들에게서 볼 수 있었던 많은 매력적인 것들이 현재 선택된 것과 비교되기 때문이다. 그래서 많은 대안들 중 선택된 것이 소수의 대안들 중 선택된 것보다 더 미움받는 것이다.

미국 스와츠모어대학의 심리학자인 베리 슈워츠 Berry Schwartz 의 이야기를 살펴보자.[42] 휴양지에서 좋은 날씨와 맛있는 음식을 만끽하면서도 꽤 많은 사람들이 휴가철 한적해진 자기 동네에서 좋은 위치에 주차할 기회를 놓치고 있는 것을 안타까워하더라는 것이다. 자신이 선택하고 그에 따라 지금 누리고 있는 것의 가치가 선택하지도 않을 것과의 사소한 비교로 인해 심하게 훼손되는 경우가 실제로 비일비재하다.

그러면 선택하지 않은 것에 대한 이런 미련을 떨쳐버릴 방법은 없을까? 그 실마리는 앞서 세 번째 학기에 제시한 선택안에서 찾아볼 수 있다. 거기에는 무언가 질적으로 다른 선택의 기회가 하나 더 주어졌다. 바로 '찬성하는가, 반대하는가?'이다. 이는 여러 개의 대안들 중 하나를 무작정 선택하는 것과는 분명히 다른 심리적 책임감을 선택자에게 부여한다. 따라서 선택을 훨씬 더 현명하게 만든다. 그리고 후회할 선택을 하게 될 확률도 확연히 줄어든다. 물론 이런 과정을 추가하면 시간을 비롯한 여타 비용이 많이 든다. 그래도 이런 비용을 마냥 아끼기만 할 일은 아니다. 돌아가는 것 같지만 훨씬 더 가깝게 가는 길을 한 번 더 선택하게 해서 열어줄 수 있기 때문이다. 여러 개 중 무작정 하나를 고르는 것은 결코 완전한 선택이 아니며 최종적인 결정도 아니다.

요즘처럼 많은 것이 급변하는 시대에 흔히 하고 듣는 조언이 있다. '현실에 안주하지 말라'는 것이다. 많은 이들이 이런 당부를 하지만 잘 먹혀들지 않는다. 왜일까? 중요하지만 거의 인식하지 못하는 이유가 하나 있다. 현실에 안주하는 것도 하나의 결정이며 또 다른 행동임을 분명히 알려주지 않기 때문이다. 이를 알려주면 사람들은 매우 적극적으로 변화를 추구한다.

스탠포드대학의 심리학자 구라브 수리 Gaurav Suri 와 제임스 그로스 James Gross 교수, 그리고 이스라엘 텔아비브대학의 갈 셰페스 Gal Sheppes 교수의 연구다.[43] 연구진은 사람들에게 한 장의 그림을 보여줬다. 그 밑에는 이렇게 쓰여 있다. "다른 이미지를 보려면 S버튼을 누르시오. S버튼을 누르면 다른 그림이 나오고 누르지 않으면 그대로 원래 그림을 보게 됩니다." 그러자 45%만이 새로운 그림을 보려고 S버튼을 눌렀다. 이후 약간 조건을 변경해 실험을 진행했다. 그런데 결과의 차이는 매우 컸다. 이번에도 실험 참가자들은 한 장의 그림을 잠시 본다. 그림이 사라지고 난 뒤 두 종류의 버튼이 화면에 나온다. 그리고 이런 지시문이 화면에 등장한다. "S버튼을 누르면 새로운 그림이 나타나고, C버튼을 누르면 아까 그 그림이 다시 나옵니다." 이 지시문을 본 사람들은 84%가 S버튼을 눌렀다. 새로운 그림을 보겠다는 사람이 거의 두 배 가깝게 늘어난 것이다.

무엇이 다른가? 첫 번째 경우는 사람들에게 새로운 것을 볼 것인가 아니면 그대로 있을 것인가를 물었다. 두 번째 경우에는 새로운 것과 기존의 것 둘 중의 어느 하나를 선택할 것인가를 물었다. 사소해 보이겠지만 이는 실로 큰 차이다.

전자에서는 새로운 것을 선택하는 것만이 결정하고 행동하는 것처럼 보인다. 사람들은 결정하고 행동하는 것을 별로 좋아하지 않는다. 그만큼 정신적 에너지를 소모하기 때문이다. 그래서 인지심리학자들은 늘 '인간은 인지적 구두쇠'라고 말하곤 한다. 전자의 경우, 버튼을 누르지 않고 그냥 놔두는 상황에서 사람들은 마치 자신이 아무런 행동과 결정을 하지 않고 있다는 구두쇠 마음을 충족시키고 있게 된다. 그런데 후자는 어떤가? 사람들로 하여금 새로운 그림을 보든 원래의 그림으로 돌아가든 결정의 버튼을 누르게 했다. 다시 말해 그대로 남는 것 역시 마음을 움직여야 하는 결정이며 행동임을 더 분명히 알려준 것이다. 그러자 사람들은 새로운 대안에 훨씬 더 매력을 느끼고 그것을 보겠다는 응답도 현격히 증가했다.

연구진은 샌프란시스코 지하철역에서 좀 더 현실성 있는 실험도 진행했다. 지하철에서 나온 사람들은 지상으로 나가기 위해 대부분 에스컬레이터를 탄다. 에스컬레이터 앞에 "계단을 이용하시겠습니까 아니면 에스컬레이터를 타시겠습니까?"라고 잠시라도 선택을 고민하게 만드는 문구를 설치해놓으면 계단을 이용하는 사람이 두 배 이상 늘어난다.[44] 더욱 재미있는 것은 "에스컬레이터?"라고만 써놓아도 이 효과가 나오더라는 것이다. 이는 모두 무엇을 의미하는가? '새로운 선택 vs. 기존의 것 유지'라는 프레임으로는 새로운 도전이나 변화를 이끌어내기 힘들다. '새로운 것 선택 vs. 기존의 것 선택'의 구도로 만들어야 사람들은 새로운 대안에 더 눈길을 준다. 그리고 그 핵심은 '선택하라고 하는 것'이다.

●●● 우리가 판단을 위해 선택하는 정보

사람에 대한 평가와 판단은 더없이 중요한 영역이다. 이런 중요한 결정을 두고 우리는 적절한 정보를 판단의 잣대로 사용할까? 심리학자들의 연구에 의하면 그렇지 못한 경우가 심심치 않게 있음을 알 수 있다. 판단의 대상을 이루는 개별 속성들을 독립적으로 평가하기 힘든 경우가 생각보다 꽤 많기 때문이다.[45]

한 가지 예를 들어보자. 한 회사에서 최근 많이 사용되는 KY라는 컴퓨터 프로그램 언어를 담당할 대졸 신입사원 프로

그래머를 고용하려고 한다. 최종적으로 두 사람이 남았는데 이 둘 모두 같은 대학에서 컴퓨터 공학을 전공했고 KY라는 컴퓨터 프로그래밍 언어에 상당한 경험이 있다. 지원자 A는 졸업학점이 4.3이고 최근 2년간 KY를 사용해 20개의 프로그램을 제작한 경험이 있다. 지원자 B는 졸업학점이 3.0이고 같은 기간에 KY를 사용한 프로그램 제작 경험이 40개이다.

실제 연구 및 조사 결과, 두 사람의 정보를 한 번에 한 명씩 각기 다른 시간에 검토한 심사위원들은 검토 순서와 상관없이 지원자 A를 더 선호하는 경향을 보인다. 사람들의 반응은 대체로 이런 식이다. "대졸 신입사원 채용인데 프로그래밍 경력이 뭐 그리 중요하겠어? 하지만 학점은 얼마나 전공공부를 잘했는지 확실하게 알려주잖아!" 등이다. 판단에 도달하는 시간이 그리 오래 걸리지 않는다.

재미있게도 두 지원자의 정보를 한 장소에서 동시에 검토한 심사위원들의 선택과 판단의 양상은 사뭇 다르다. 지원자 B에 대한 선호도가 상승하는 것이다. 반응은 대체로 이런 식이다. "학점만 좋다고 사람을 뽑을 수는 없잖아? 지원자 B를 봐. 학점은 저조해도 경험이 풍부하잖아?" 이처럼 판단을 위한 생각이 더 복합적인 양상을 띤다. 더욱 중요한 것은 심사위원들이 두 사람의 프로그래밍 경험의 실제 차이가 어느 정도인지를 보다 더 심층적으로 알아내려고 한다는 것이다. 즉, 이전 경우와는 달리 판단에 시간을 더 많이 쓰려고 한다.

왜 이런 현상이 나타나는 것일까? 첫 번째 상황에서는 두 지원자의 정보를 따로따로 보았기 때문에 비교가 쉽지 않다. 사람은 무언가를 판단하기 어려운 상황에 처하면 여러 정보들 중 판단하기 쉬운 것을 중요한 정보라고 여기는 경향이 크다. 컴퓨터 프로그램 제작 실적 20개와 40개의 차이는? 어찌 보면 큰 차이고 달리 보면 작은 차이다. 말하자면 그 격차가 어느 정도인지 판단하기 어려운 정보에 해당한다. 하지만 학점은 상대적으로 더 쉬운 판단기준이다. 학점 3.0을 받은 졸업생들과 4.0을 넘는 졸업생들을 주위에서 많이 찾아볼 수 있다. 참조할 만한 대상을 쉽게 발견할 수 있기 때문이다. 한마디로 판단에 사용할 수 있는 더 용이한 정보가 경력보다 학점이 된다. 그런데 두 대상을 동시에 놓고 보면 이제 비교가 더 쉬워진다. 따라서 더 어려운 질적인 정보도 이제는 기꺼이 고려하려고 한다.

물론 학점과 경력 중 어느 것이 더 중요한 정보인지는 명확하지 않은 문제다. 하지만 판단이 어려운 상황에서 학점과 같이 비교가 쉬운 정보만을 취하려는 경향이 강해진다는 것은 분명 참고할 필요가 있다. 판단이 어려운 상황에서 사람들은 종종 더 빠른 시간 내에 결론에 도달하고, 판단이 더 용이한 상황에서 사람들은 상대적으로 더 깊이 생각하기를 주저하지 않는다는 점을 염두에 둬야 한다.

많은 기업들이 수많은 지원자들 혹은 수많은 진급대상자들을 매년 심사한다. 이 많은 사람들을 동시에 비교하기는 쉽지 않은 일이고, 이로 인해 쉽게 판단할 수 있는(그렇지만 별로 중요하지 않은) 정보를 중요한 것으로 착각해 활용하는 경우가 종종 있다. 하지만 중요한 질적인 정보를 판단의 근거로 활용하려는 노력은 결코 시간과 자원의 낭비가 아니다. 질적으로 우수한 사람을 선택하고 중용하기 위한 노력은 혁신적인 신제품을 개발하는 것이나 좋은 기획안을 만들고 선택하는 것보다 더 중요한 일이기 때문이다. 사람을 판단하는데 있어서 활용이 쉽고 결정을 빠르게 해주는 정보만 취하고 있지는 않은지 돌아볼 일이다.

5장

상대를
사로잡는
소통의 한 수

●●● 용건 없는 안부

"사람들이 가장 하기 힘들어하는 일이 뭐라고 생각하나?"

나와 절친한 고려대학교 고영건 교수가 대뜸 던진 질문이다. 물론 이 질문에는 다양한 대답이 가능하다. 하지만 그 수많은 것들 중 고 교수가 이야기한 그 하나에 나 역시 무릎을 탁 치면서 "맞아. 그러네"라고 탄식을 내뱉었다. 격하게 동의할 수밖에 없었기 때문이다. 그것은 바로 '싫어하는 사람과 용건이 없는데도 통화하기'다. 맞다. 싫어하는 사람과 대화하기란 정말 힘든 일이다. 그나마 용건이라도 있으면 나의 싫은 기색과 생각을 감추고 대화를 진행해볼 여지가 있다. 그런데 그 용건마저 없으면? 미칠 노릇이다.

이는 꼭 싫어하는 사람이 아니더라도 마찬가지다. 사이가 크게 나쁘지는 않지만 어색하거나 데면데면한 사람과 특별한 용건 없이 이런저런 이야기를 나눠야 한다면 참 난감하고 불편할 수밖에 없다. 그런 관계와 상황들은 쉽게 떠올릴 수 있을 것이다.

용건 없이도 아무런 거리낌 없이 대화를 나누는 사이란 두 말할 나위 없이 친밀한 관계다. 그렇다면 내가 한두 번쯤 용기를 내서 아직은 어색한 사람에게 용건이 없는데도 이야기를 걸어 안부를 묻는다면? 용건 없는 안부를 건네받은 사람이 나에게 좀 더 친밀감을 느낄 수 있을까? 심리학자들은 당연히 그렇다고 생각한다. 행복하니까 웃는다. 별 다른 이유 없이 웃게 만들면? 사람들은 좀 더 행복감을 느낀다. 상대방이 예쁘니까 뽀뽀한다. 별 다른 이유 없이 뽀뽀하게 만들면? 상대방이 좀 더 예뻐 보인다.

왜 이런 일이 일어나는 것일까? 태도가 행동을 유발하지만 그 행동 자체를 일단 하게 되면 그와 관련된 태도를 얼마든지 만들 수도 있는 것이 인간이기 때문이다. 인간은 태도와 행동이 어느 일방향이 아닌 양방향으로 소통하는 그야말로 절묘한 시스템이다. 실제로 친밀하기에 용건 없이 대화할 수 있듯

이, 용건 없는 대화를 하고 나면 더욱 친밀감을 느끼는 것 역시 사실이다. 한동안 소식이 없던 친구가 뜬금없이 전화를 걸어 "그냥 보고 싶어서 전화했다"며 간단한 안부를 묻는다면? 이 한 마디에 우리는 그간 잊고 있던 친구의 온기를 느끼며 소소한 살맛을 되찾곤 한다. 심지어 자살 직전에 이런 전화를 받고 다시 살 생각을 했다는 이야기도 간간히 들을 수 있다. 물론 이런 전화에 오히려 무언가 수상쩍다든가 의심스럽다는 느낌이 든다면 한 번쯤 심각하게 자신의 인생을 되돌아볼 필요가 있을 테고 말이다.

많은 이들이 직장 동료나 주변 지인과 좀 더 친밀해지길 원한다. 그렇다면 한 번쯤 되돌아보시라. 거창한 배려와 대단한 마음 씀씀이 이전에 나는 얼마나 '용건 없이 안부'를 물어왔는가를.

어느 기업의 임원 한 분이 이런 말을 한 적이 있다. 같이 일할 적에 가장 존경했으며 각자 다른 조직에 몸담고 있는 지금 가장 보고 싶은 상사가 있는데, 그 분을 떠올릴 때마다 항상 귓가에 맴도는 한 마디가 있다는 것이다. "뭐 해? 별 일 없지?" 그 상사가 자신의 책상 옆을 지나다 불쑥 고개를 내밀며 스스럼없이 던지는 말이었다고 한다. 이런 게 바로 '용건 없는 안부'일 것이다. 되돌아보면 나 역시 용건 없이 안부를 묻거나 말을 건네본 적이 거의 없는 듯하다. 문득 반성하게 되는 오늘이다.

●●● 대화와 토론의 장

인터넷 뉴스를 보면 사람들이 굉장히 많이 본 뉴스인데도 댓글이 생각보다 적은 경우가 있다. 계속되는 가뭄이나 스포츠에서 약팀이 우승했다는 소식을 전하는 기사들이 주로 그렇다. 반대로 조회 수는 상대적으로 적은데 댓글이 엄청나게 달리는 경우도 많다. 대체로 우리는 댓글 등의 토론이 얼마나 활발히 이루어지느냐에 따라 사안의 심각성이나 중요성을 판단하곤 한다. 그런데 우리가 토론이나 공방에 가장 열심히 몰두하고 있는 사안이 과연 가장 중요한 이슈일까?

상식적으로는 논쟁의 여지가 많을수록 토론이 더 활발해지게 마련이라고 생각한다. 하지만 경우와 상황에 따라 전혀 달라질 수 있다. 실제로 논쟁이 벌어지면 최소 두 가지 양상이 전개된다. 첫째는 나의 의견을 말하고픈 에너지가 자극된다. 둘째는 그 반대다. 불편하기 때문에 더욱 침묵하게 된다. 이 둘 중 어느 쪽으로 가느냐를 결정하는 요인은 의외의 곳에 있다.[46]

마이애미대학 경영대의 조이 첸 Zoey Chen 교수와 펜실베이니아대학 와튼스쿨의 조나 버거 Jonah Berger 가 이와 관련해 매우 흥미로운 연구를 진행한 바 있다.[47] 이들은 사회적 이슈를 제공하는 웹사이트(www.topics.com)에서 논쟁의 정도가 약한(예: '변종 돌고래 북극에서 발견'), 중간 정도(예: '뉴욕시 전자담배도 실내 흡연 금지'), 혹은 강한(예: 오클라호마 주 캠퍼스 내 총기 소지 합법화 추진) 이슈들을 선정하여 이 이슈들에 얼마나 많은 댓글 토론이 이루어졌는지 조사했다. 그 결과 중간 정도의 이슈들에 대해 가장 활발한 토론이 전개되었으며 논쟁의 여지가 거의 없거나 매우 강한 이슈에 대해서는 오히려 상대적으로 적은 토론이 이루어졌음을 확인했다.

연구진은 이를 실험실 연구로 확장해보았다. 참가자들에게 논쟁의 여지와 사안의 민감성이 각기 다른 다양한 이슈들을 제시하고 토론에 참여할 의사의 정도를 물었다. 그리고 중요한 변수 하나를 더 추가했다. 익명성의 보장 여부에도 변화를 준 것이다. 결과는 매우 흥미로웠다. 익명이 보장된 조건에서는 논쟁의 여지와 사안의 민감도가 중간 정도인 토론에 참여하려는 의향이 가장 높았다. 그리고 크게 갈등적인 이슈와 논쟁의 여지가 전혀 없는 이슈에 관한 토론은 둘 다 참여 의향이 낮게 나타났다. 왜일까? 논쟁의 여지가 거의 없는 이슈에 대해서는 토론해 봤자 의미와 생산성 있는 대화를 하려는 욕구가 충족되지 않기 때문이다. 간단히 말해 흥미가 떨어지는 것이다. 사람들은 익명성이 보장될 때 적당히 흥미로운 이슈를 택해 자기 목소리를 내고 변화와 해결을 추구한다. 그러면 갈등의 여지가 큰 민감한 이슈에 참여 의향이 낮은 이유는 무엇일까? 간단하다. 불편하기 때문이다.

그런데 자신이 누구인지 알려질 때는 결과가 달랐다. 갈등의 소지가 많은 논쟁일수록 참여하려는 경향은 지속적으로 떨어졌다. 그 이유는 당연히 불편하기 때문이다. 중간 정도의 논쟁적인 이슈에 관해서도 사람들이 대화 참여를 꺼렸다. 자신이 누구인지 알려지는 경우에는 타인들의 시선이 주는 압박

감만을 의식하기 때문이다. 따라서 이제 사안의 흥미나 중요도는 주요 요인으로 작용하지 않게 된다.

익명이 보장되지 않더라도 가까운 친구나 지인과 대화할 때는 정반대의 재미있는 결과도 나왔다. 이때는 논란의 여지가 적은 주제보다는 매우 민감하고 심각한 주제에 대해 이야기하려는 경향이 더 강한 것으로 관찰됐다. 다시 말해 이슈가 주는 불편함은 영향력을 거의 상실하고 이슈의 흥미나 중요성에만 영향을 받는다. 타인이 아닌 가까운 지인끼리의 대화이다 보니 이제는 안전하다는 일종의 심리적 보험이 장착되었기 때문이다. 이를 종합해 우리가 참여 중인 대화의 장을 한번 둘러보자.

첫째, 논쟁의 여지가 많은 주제로 대화를 하려면 그 주제 자체에 대한 거부감이나 불편함을 사전에 줄여주는 것이 중요하다. 이때는 익명성을 끝까지 유지해주는 것이 관건이다.

둘째, 사람들이 토론에 열심히 몰두하고 있다면 그 이유가 무엇인지 살펴볼 필요가 있다. 익명이라는 안전장치 뒤에 숨어 논쟁하기 가장 용이한 주제에 골몰하느라 정작 가장 중요한 사안에 관해서는 제대로 논의가 이루어지지 않을 수도 있기 때문이다.

셋째, 가장 중요한 부분이자 수많은 조직에서 실제로 벌어지는 일이다. 심각하거나 민감한 사안이 발생하면 가까운 사람들끼리 모여 논의하는 경우가 많다는 점이다. 그것이 가장 편안하기 때문이다. 이렇게 되면 중차대한 이슈에 '우리는 관심과 열정을 쏟고 있다'는 자부심과 위안을 느끼는 가운데 특정한 입장 하나를 택해 점점 더 첨예하게 갈아나가게 된다. 이때 가장 큰 문제는, 반대 입장을 취해 같은 과정을 거치고 있는 소집단이 얼마든 있을 수 있다는 점이다. 결국 대립과 반목만 더 심화될 수도 있다.

●●● **두괄식의 힘**

발표에 나서는 사람에게 꼭 강조하는 게 한 가지 있다. 발표에서 그래프는 대부분 가장 중요한 정보나 핵심을 담고 있는 경우가 많다. 이 그래프를 설명하면서 굉장히 많은 사람들이 정말로 중요한 부분을 간과하고 넘어가곤 한다. 바로 x축과

y축에 관한 설명이다. 정보를 전달하는 사람은 당연히 이 두 축이 무엇인지 이미 잘 알고 있다. 그러니 곧바로 그래프 안에 있는 추세선이나 막대에 관한 설명으로 넘어가기 쉽다. 그것이 본 내용이기 때문이다.

하지만 발표를 듣는 사람 입장에서는 그 두 축이 무엇인지부터 살펴보게 된다. 그 사이 발표자가 이야기하는 내용을 놓쳐버리고 이후의 내용도 급하게 뒤쫓게 된다. 대부분의 프레젠테이션에서 발표자와 청자 사이의 괴리가 여기서부터 발생한다. 발표자가 힘주어 이야기하는 부분에 청자의 정신적 에너지가 같은 크기로 집중되지 못한다. 그러니 계속 질질 끌려다녀야 하는 청자 입장에서는 정신적으로 피곤하고 지칠 수밖에 없다. 당연히 발표의 결말도 좋을 수 없다.

대화와 소통이 이뤄지는 와중에 화자와 청자 간에 정신적 에너지가 모아지는 초점의 양과 위치가 일치하지 않는 경우, 당연히 설득에 어려움을 겪게 되고 심지어 갈등이 표출되기도 한다. 이런 괴리로 인한 손해나 갈등이 많다. 하나만 예를 들어보자. 이스라엘의 심리학자 사이 단지거 Shai Danziger 교수 연구진은 이스라엘의 가석방 전담 판사들을 대상으로 연구를 진행했다.[48] 이 판사들은 가석방 건당 평균 6분을 사용한다. 그리고 평균적으로 35%의 승인율을 보인다. 그런데 이 승인율은 하루에 걸쳐 균일하게 유지되지 않는다. 하루 세 번의 식사시간 직후 승인율은 무려 65%까지 상승한다. 반면, 식사 2시간 전부터는 승인율이 감소하기 시작해 식사 직전에는 거의 제로에 가까워진다.

한편, 가석방 심사를 받는 사람은 당연히 자신의 차례가 왔을 때 상당량의 의지와 동기를 가지고 심사관을 대한다. 하지만 심사가 계속될수록 판사의 에너지는 차츰 떨어진다. 그러니 이 둘 사이에 정신적 에너지의 양은 뒤로 갈수록 더욱 불일치가 커진다. 물론 이 사실 자체만으로도 특히 가석방 당사자에게는 중요한 정보가 된다. 육체적으로 지치면, 정신적인 에너지가 필요한 승인 결정의 양이 하락할 테니 말이다. 그런데 이 연구의 시사점은 여기서 그치지 않는다.

결과를 좀 더 자세히 들여다보면 그 이상의 의미를 도출할 수 있다. 승인율의 감소 추세가 일직선으로 내려가는 것이 아니라 1시간 정도의 주기를 두고 부분적으로는 올라가고 내려가는 일종의 톱니바퀴 형태를 보이기 때문이다. 왜 이런 현상이 나타날까? 1시간 정도 심사를 하면 자연스럽게 약간의 휴식을 취하게 된다. 말이 휴식이지 잠시 피심사자와 그의 서류를 보지 않는 것뿐이다. 그런데 그 휴식 이후 보게 되는 심사서류들은 다시금 일의 초반부에 해당하게 된다. 휴식 직전에 보는 서류들은 후미에 해당한다. 여기서도 초반 3건과 후반 3건에 대한 승인률이 거의 3배에 이르는 차이가 발생한다. 당연히 초반부의 승인율이 훨씬 더 높다. 내용상 큰 차이가 있는 것도 아닌데 단지 순서상 처음에 있다는 것만으로도 승인율에 큰 차이가 나타나는 셈이다.

이 모두를 종합하면 두괄식頭括式의 힘으로 요약된다. 심리학의 수많은 연구 결과들이 이야기하는 것 중 하나가 초반부에 보는 것의 위력이 대단하다는 것이다. 그 이유는 첫째, 초반부에 사람들은 좀 더 많은 에너지를 지니고 있기 때문에 결정을 위한 힘을 내기 쉽다. 둘째가 더 중요하다. 초반부에 있는 내용은 화자와 청자 모두 같은 내용에 에너지의 초점을 맞추는 호흡이 가능하다. 후반부로 갈수록 서로의 초점이 어긋날 확률이 높다.

그렇지만 우리는 많은 경우 이와 반대로 말하고 소통한

다. 나의 패를 먼저 보여주지 않는 편이 더 유리하다는 생각도 있고 결론부터 말하기가 망설여질 때도 있기 때문이다. 발표 순서를 정할 때도 되도록 나중에 하고 싶어 한다. 하지만 진정한 고수들은 결론을 첫머리에 간결하고 명확하게 제시한다. 내용이든 물리적 위치든 중요한 내용을 앞에 두는 습관을 길러보자. 아주 큰 차이를 느낄 수 있을 것이다.

●●● 같은 동작, 같은 생각

강연이나 방송에서 가끔씩 던지는 농담이 있다. "한국 사회에는 4대 인맥이 있습니다! 학연, 지연, 혈연…" 여기까지는 거의 다 아는 내용이다. 호기심 어린 눈으로 다음 말을 기다리는 청중을 향해 "나머지 하나는 흡연"이라고 말하면 모두가 폭소를 터뜨린다. 그러고는 이 말이 단순한 농담이 아니라는 점을 이내 깨닫는다. 실제로 이런 일이 무시할 수 없을 만큼 자주 일어나기 때문이다.

중요한 사안을 결정하기 위한 회의가 한창 진행 중이다.

쉽게 결론이 나지 않자 잠시 휴식을 취하기로 한다. 이때 회의 참석자들 중 애연가들은 담배를 한 대 피우고 돌아온다. 그런데 다시 시작된 회의에서 담배 피우러 나갔다 온 사람들 사이에 갑자기 합의가 이뤄지고 회의가 급진전된다. 이런 경우가 많다 보니, "정작 회의 중에는 그런 말 없다가 잠시 담배 피우면서 자기들끼리 중요한 얘기를 다 한다"라는 불평이나 푸념이 비흡연자들 사이에서 터져 나온다. 오죽하면 비흡연자인데도 사람들이 담배 피우러 나갈 때 꼭 따라 나간다는 사람도 있을까.

그러면 애연가들이 담배를 피우는 동안 급작스런 합의에 이르는 이유가 단순히 제한된 흡연 장소로 내몰린 '웃기고도 슬픈' 동질감 때문일까? 당연히 그 때문만은 아니다. 이 현상을 심리학적으로 좀 더 분석해보면 사소해 보이는 행위를 통해 소통과 논의의 진행을 훨씬 더 촉진시킬 수 있다는 결론에 이를 수 있다.

대개 회의나 논의는 말, 즉 언어를 통해 이루어진다. 그런데 재미있는 것은 이러한 언어적 활동이 신체적 활동을 공유하면 더 촉진된다는 점이다. 좀 더 쉽게 말하자면 같은 동작을 취함으로써 같은 생각과 그 생각에 따른 말을 유도할 수 있다는 것이다. 이 점을 잘 보여주는 연구가 있다. 영국 에버딘 대학의 민규안 추 Mingyuan Chu 교수와 영국 위릭대학의 소타로 키타 Sotaro Kita 교수가 발표한 연구다.

연구진은 사람들에게 아주 사소한 동작들을 따라 하도록 했다. 일례로 특정한 방향을 가리키거나 머그컵을 만지작거리는 행동들이다. 지극히 사소한 행동들이지만 같은 행동을 서로 따라 하는 동안 사람들 사이에서는 재미있는 현상이 관찰된다. 제스처와 감탄사 역시 동질적으로 변해간다. 우리도 실제로 대화를 나누면서 어떤 사람과 차츰 같은 결론에 도달할 때는 고개를 끄덕이거나 '아', '응'과 같은 짧은 말들이 동반된다. 전자는 제스처고 후자는 감탄사다. 이렇게 같은 동작으로 인해 제스처와 감탄사가 차츰 동질화되므로 결과적으로 같은 결론에 도달하기 쉬워지거나 합의를 이루기 더 수월해지는 것이다.

자, 이제 담배 피우러 나간 사람들이 같은 결론에 도달하거나 중요한 이야기를 공유하게 된 이유가 그들만의 작당이나 담배 때문이 아니라는 점이 분명해졌다. 사소한 동작들을 같이 함으로 인해서 자기들도 모르는 사이에 제스처와 감탄사를 공유하게 되고 이를 통해 더 쉽고 원만하게 의견을 주고받고 조율할 수 있었던 것이다. 굳이 담배를 피우지 않아도 사소한 동작들을 공유할 수 있는 방법은 얼마든지 있다. 가벼운 체조나 차 한 잔도 괜찮고 더 좋은 방법도 있다. 예를 하나 들자면 밥을 같이 먹을 때다. 식사는 흡연보다 훨씬 더 많은 동작을 공유할 수 있게 해준다. 같이 밥 먹고 난 뒤에 회의가 더 잘 풀리는 이유다.

●●● 생각의 속도가 착각을 일으킨다

은연중에 숲을 보지 못하고 나무만 보게 되는 경우가 참 많다. 큰 것에는 신경 쓰지 못한 채 작은 것에 집착하고 논쟁을 벌이는 과정에서 본말이 전도되는 상황도 그 일종이다. 조직의 의사결정이 비합리적인 요인에 의해 흘러가는 과정을 오랫동안 연구해온 영국의 시릴 파킨슨 Cyril Northcote Parkinson 은 이런 일을 두고 아예 '사소함의 법칙'이라고 부르기도 한다.

큰일을 위한 결정에는 시간이든 노력이든 적은 양을 쓰면서 오히려 작은 일에 더 큰 에너지를 아낌없이 쏟아 붓는 경우를 일컫는 말이다. 그의 저서 《파킨슨의 법칙》에 나오는 예를 하나 살펴보자.[49]

영국의 어떤 기업 임원회의에서 공장 신축에 대한 회의가 진행됐다. 소요되는 비용은 무려 1억 파운드다. 이 회의는 단 15분 만에 마무리됐다. 의사결정이 본래 신속하게 이뤄지는 회사였던 걸까? 그 다음 안건을 논의하는 모습을 보면 그건 아니라는 점을 알 수 있다. 다음 안건은 직원들을 위한 자전거 거치대를 본관 앞에 설치할지를 결정하는 것이었다. 관련된 예산은 불과 3,500파운드. 이 회의는 무려 1시간이 훌쩍 넘게 계속됐다. 더욱 실소를 자아내게 하는 것은 이 안건에 대해 회의 참석자들은 첫 번째 안건보다 훨씬 더 몰두하고 심지어 치열한 찬반 논쟁을 벌였다는 점이다. 도대체 왜 이런 웃지 못할 현상이 벌어지는 것일까?

파킨슨은 다음과 같이 분석한다. 첫째, 중요한 일을 결정할 때는 큰 책임이 따르기 마련이다. 아무래도 쉽게 의견을 말하기가 부담스러운 것이 사실이다. 둘째, 중요하고 큰 사안일

수록 복잡하고 구체적인 사항이 많기 때문에 내가 잘 모르는 것들도 꽤 많다. 그러니 함부로 입을 열기가 어렵다. 그 결과 회의 참석자들은 말을 아끼게 되며 따라서 자신들도 모르는 사이에 특정한 결론에 쉽게 따라갈 수 있다. 반면에 작은 안건일수록 책임 및 부담이 적고 대부분의 사항에 대해 잘 알고 있기 때문에 입을 열기가 쉽다. 하지만 작은 사안에 대한 회의가 길어지는 것은 단순히 사람들의 말과 의견이 많아지기 때문만은 아니다. 사람들이 더 몰입하고 열중한다는 공통점도 있다. 다시 말해 자기주장이 더 강해지는 것이다. 왜일까?

여러 가지 상식적인 이유가 있겠지만 그중 우리가 가장 놓치기 쉬운 이유는 바로 시간에 있다. 더 정확히는 시간이 지나가는 속도에 관한 느낌이다. 우리는 어떤 일이 중요해서 그것에 대해 생각을 많이 하는 경우도 있지만 그 일에 대한 생각이 빠르게 돌아가고 있기 때문에 역으로 그 일이 중요하다고 순간적으로 착각하는 경우가 드물지 않다. 그리고 사소한 사안에 관해 생각을 하거나 의견을 말할 때는 당연히 생각이 빨리 돌아가므로 시간 역시 상대적으로 더 빨리 간다고 느낀다. 실제로 오스트리아 잘츠부르크대학의 요힘 한센 Jochim Hansen

교수와 뉴욕대학의 야곱 트로페 Yaacov Trope 교수의 오랜 연구 결과 사람들은 빨리 할 수 있기에 시간이 금세 지나간다고 느끼는 일에 더 몰입하는 경향이 관찰됐다. 그 일이 몰입할 만한 것인지 여부와는 무관하게 말이다.

즉 인간은 어떤 일의 중요성과 그 일에 대한 생각의 속도를 연계하는 착각을 자주 한다. 우리 주변에서도 이런 착각이 일어나고 있지는 않은지 살펴볼 필요가 있다. 중요하다고 생각하는 것에 몰입하는 게 아니라 몰입이 쉽기 때문에 그 일이 중요하다고 생각하는지는 않는지 말이다. 이를 방지하려면? 사안의 경중에 따라 얼마만큼 이야기를 나눌지에 대해서도 미리 정해놓는 게 좋다. 그럼으로써 논의를 더 효율적으로 전개할 수 있는 사전포석을 깔 수 있다.

●●● 창의성을 촉진하는 대화법

추상적인 대화가 창의적 아이디어를 북돋는다는 것은 이미 잘 알려져 있는 사실이다. 그 인과관계는 명확하다. 추상적이라 함은 포괄적임을 의미하고 포괄적이라면 다른 대안을 살펴보기에 더 유리한 관점이기 때문이다. 한편, 실수 없이 꼼꼼하게 일을 해야 할 때도 있다. 이때는 일의 세부적인 측면에 집중을 해야 하니 같은 말이라도 명확하고 구체적으로 할 필요가 있다. 따라서 추상적인 말과 구체적인 표현은 각각 새로운 아이디어를 생산하거나 이미 나온 아이디어를 정밀하게 실행할 때 필요하다. 여기까지는 장황한 설명이 필요 없다.

그런데 이와 관련해 추상적이거나 구체적인 대화를 유도하는 흥미로운 과정을 살펴본 연구가 있어 소개하고자 한다. 그 변수는 '예의와 공손함'이다. 전혀 상관없을 것 같은 이 변수가 과연 추상적이고 구체적인 대화와 어떤 관련이 있을까? 이스라엘 바르일란대학의 엘레나 스테판 교수 Elena Stephan 교수와 미국 뉴욕대학의 야곱 트로페 교수가 진행한 연구를 살펴보자.[50] 사람들에게 어떤 내용이나 현상을 들려주거나 보여준 뒤, 한쪽 그룹에게는 그것을 되도록 추상적으로 또 다른 그룹에게는 최대한 구체적으로 설명해 달라고 요구했다. 그리고 두 그룹의 사람들이 설명한 내용을 제3의 그룹에게 평가해 달라고 했다.

그 결과는 매우 흥미로웠다. 되도록 구체적으로 설명을 시도한 사람들에 비해 추상적으로 설명하려고 애쓴 사람들의 설명이 훨씬 더 예의바르고 공손하다고 평가받은 것이다. 그렇다면 그 반대도 가능할까? 연구진은 이번엔 공손함에 신경 써서 같은 내용을 설명해 달라고 요청했다. 놀랍게도 그 결과 역시 일맥상통했다. 예의 바르고 공손한 설명을 요청받은 사람들이 그렇지 않은 사람들에 비해 훨씬 더 추상적이고 포괄적인 표현을 잘 하더라는 것이다.

왜 이런 일이 일어나는 것일까? 단순히 격식을 차리기 위해 애매하거나 모호한 표현을 썼기 때문에 추상성에 있어 차이가 난 것은 아닐까? 연구자들은 결코 그런 이유 때문이 아니라고 설명한다. 사람들은 추상적 표현과 구체적 표현을 함에 있어서 매우 중요한 변인상에 차이가 있다고 무의식적으로 가정하기 때문이다. 그것은 바로 시간이다. 추상적 표현은 사람들이 느끼기에 상대적으로 긴 시간상에 있는 생각과 행동을 의미한다. 반면 구체적 표현은 시간적으로 더 짧다고 느낄 때 하게 된다. 스테판 교수는 같은 내용이라도 내일 혹은 1년 후를 가정하고 설명을 해보라고 요청했다. 그 결과, 1년 후 누군가에게 설명한다고 가정했을 때 사람들은 훨씬 더 예의바르고 추상적인 표현을 많이 했다. 실로 놀라운 결과가 아닐 수 없다.

창의적인 아이디어를 위한 발상의 전환은 생각을 열고 생각을 자유롭게 확장해나가야 가능하다는 것을 우리는 잘 알고 있다. 그런데 여기에는 중요한 오해가 하나 있다. 그 자유로움이 무례와 동일시되는 것이다. 그래서 창의적인 사람은 버릇없다는 오해를 받는다. 하지만 이러한 실험 결과들은 분명히 말해주고 있다. 예의와 배려가 강조돼야 추상적 사고가 가능해지며 그로 인한 창의적 사고가 더 촉진된다고 말이다. 무례한 대화는 필연적으로 구체적인 단어를 말하게 하며 창의성에는 걸림돌이 된다.

자, 그렇다면 우리가 무엇과 무엇을 혼동했고 그 둘의 구분이 왜 필요한지가 분명해진다. 우리가 혼동한 것은 예의바름과 쓸데없는 격식이다. 그리고 이를 구분해 격식이 없어 자유롭지만 공손함과 배려는 유지되는 상황을 만들어낸다면? 그것이 바로 창의와 혁신을 위한 발상의 전환, 그리고 다시금 발상의 전환을 위한 추상적이고 포괄적인 대화에 최적의 상황이 된다. 오늘부터 공손함과 예의만 남기고 쓸데없는 격식을 없애는 노력을 해보길 바란다. 그 방법도 그리 어렵진 않다. 전자는 마음이고 후자는 대부분 자질구레한 행동이나 규칙들이니 말이다.

●●● 칭찬을 전달하면 효과가 두 배!

장교로 군에 복무할 당시 한 지휘관의 칭찬하는 모습에 깊은 인상을 받은 적 있다. 그 지휘관은 부하를 칭찬할 때 이렇게 말했다. "자네 직속상관한테서 자네가 늘 열심히 하고 있다는 말을 듣고 있네. 내가 오늘 보니까 그 말이 사실이군. 새로운 작전계획에 자네의 노고가 참 컸어."

지금도 많은 강연에서 주저 없이 좋은 칭찬의 예로 들고 있는 일화다. 왜 이것이 좋은 칭찬일까? 부하의 노력에 대한 칭찬이 직속상관의 평가를 통해서 이루어졌기 때문이다. 그 부하는 자신 앞에 있는 높은 지휘관에게 결과에 대한 칭찬을 받았을 뿐만 아니라 그 자리에 없는 자신의 직속상관에게도 그간의 과정과 노력을 인정받은 셈이다. 이런 지혜로운 칭찬을 인정이라고 한다. 인정은 '확실히 그렇다고 여김'을 뜻하고 칭찬은 단순히 '높이 평가함'을 의미한다. 그래서 인정이라는 더 강한 긍정적 평가를 위해서는 한 사람이 아닌 다수의 공통된 평가가 필요하다. 그 지휘관은 칭찬 한 마디에 그 다수의 입을 구현해낸 셈이다.

칭찬에 특별한 기법이나 기술이 필요한 건 아니지만 흥미로운 측면들은 꽤 많다. 그중 하나가 '칭찬은 하는 것일 뿐만 아니라 전달하는 것'이기도 하다는 점이다. 흔히 칭찬은 내가 하는 것이라고 생각하기 쉽다. 내가 주체가 돼서 해야 한다고 생각한다. 하지만 남이 한 칭찬을 전달해주기만 해도 결국 같은 효과, 더 나아가 두 배 이상의 긍정적 효과를 낳기도 한다. 칭찬을 듣는 사람 입장에서 보면 여러 명에게서 칭찬을 받는 셈이니 그 기쁨과 자부심도 배가 되기 때문이다. 이렇듯 남의 입을 빌려 칭찬하는 것이 더 효과적일 때도 많다.

얼마 전에도 이런 식의 좋은 칭찬을 하는 분을 만난 적이 있다. 한 회사의 임원인 그 분은 직원을 칭찬해야겠다는 생각이 들면 꼭 그 직원의 직속상관을 부른다. 그리고 이렇게 묻는다. "이 직원은 일을 참 잘하는 것 같은데 어떻게 생각하나?

그 전에도 잘한 일이 많았을 것 같은데… 한두 개만 얘기해주게." 대부분의 경우 그 직속상관은 자기 부하직원의 장점과 관련된 에피소드를 최대한 머릿속에서 떠올려야 한다. 그러면 그 임원은 직원을 만났을 때 "자네 직속상관이 그러던데…"라는 말로, 자신이 지금 하려는 칭찬과 직속상관에게서 들은 에피소드를 덧붙일 수 있다. 자신의 칭찬에 대한 근거를 확보하는 것이다. 칭찬을 듣는 사람 입장에서는 자신을 잘 모르면서 그저 덕담한다는 느낌이 사라진다. 게다가 자신의 직속상관에 대한 고마움까지 느낄 수 있다. 임원이 전달하는 에피소드를 들으면서 그 직속상관이 자신에게 관심을 갖고 있다는 걸 알게 되기 때문이다.

간접 칭찬과 칭찬 옮기기의 효과는 생각 이상으로 정말 크다. 직접적인 칭찬도 좋지만 간접 칭찬, 즉 칭찬 옮기기를 실천해보라. 훨씬 큰 효과를 경험하게 될 것이다.

●●● 사과는 직접화법, 칭찬은 간접화법

우리는 살아가면서 사과와 칭찬을 수없이 하고 듣는다. 그중에는 형식적이고 성의 없게 느껴지는 것들도 있다. 이런 사과와 칭찬은 안 하는 것만 못한 결과를 낳기도 한다. 사과와 칭찬은 완전히 다른 목적을 지닌 말이고 제대로 하기 위해서는 분명하게 포함시켜야 할 요소가 있다. 이런 필수 요소에 초점을 맞춰 이 둘을 확실히 구분해보자.

사과에는 반드시 1인칭 단수가 들어가야 하며 좋은 칭찬에는 3인칭이 들어가야 한다. 우리가 사과와 칭찬을 통해 느끼고자 하는 가장 중요한 핵심이 무엇인가를 보면 그 이유가 분명해진다. 지극히 상식적으로 사과에는 진정성이 필요하고 칭찬에는 근거가 있어야 한다. 그리고 진정성은 1인칭 대명사인 '나'를 통해 그리고 근거는 3인칭 대명사인 '그들'을 통해 느낄 수 있다. 바꿔 말하면 진정성이 떨어지는 말은 1인칭 단수인 '나'가 부족하고 근거가 떨어지는 말에는 3인칭이 적다. 이를 언어적으로 분석한 연구가 실제로 존재한다.

미국 텍사스대학의 언어 분석 심리학자 제임스 페니베이

커 James Pennebaker 교수 연구진은 2004년 미국 대통령 선거에서 공화당과 민주당의 정부통령 후보인 조지 W. 부시와 딕 체니, 그리고 존 케리와 존 에드워즈의 말을 분석했다. 여기에는 TV 인터뷰에서부터 토론회에 이르기까지 대선기간 동안 후보들의 대표적인 발언과 대화 등 다양한 자료가 포함됐다. 그 결과, 1인칭 대명사의 빈도가 높을수록 사람들이 그 사람의 말에 진정성이 높다고 느끼는 것으로 나타났다.[51] 왜 그럴까? 직관적 추론이 가능하다. '나의 이야기'를 하기 때문이다.

재미있는 것은 이 진정성 지수가 실제 선거 결과와 일맥상통한다는 점이다. 공화당과 민주당의 부통령 후보인 딕 체니와 존 에드워즈는 이 지수에서 매우 높은 수치를 보였다. 대통령 후보였던 부시는 평범한 수준이었던 반면 존 케리는 이 지수에서 극히 낮은 점수를 받았다. 실제로 당시 많은 선거 전문가들은 초반에 유리할 것으로 예상됐던 존 케리 후보가 부시를 결국 이기지 못한 이유로 왠지 모르게 떨어지는 진정성을 거론했다. 같은 이유로 사과를 '나'에 입각해 해야한다. 심지어 같은 1인칭이라도 복수인 '우리'가 하는 사과는 좀처럼 받아들여지지 않는다. 왜? 누가 잘못했는가가 굉장히 모호해지기 때문이다. '저희 회사' 혹은 '우리 조직'을 대표해서 하는 사과를 사람들이 별로 좋아하지 않는 이유가 바로 여기에 있다.

그렇다면 근거 있는 칭찬에는 왜 3인칭이 들어가야 할까? 이건 더 당연하다. 타인의 의견이나 판단이 참조되고 있음을 의미하기 때문이다. 실제로 나는 몇 년 전에 페니베이커 교수와 같은 방법을 사용해 전문가의 언어와 비전문가의 언어를 직접 비교 분석해본 적이 있다. 그 결과 근거를 명확하게 밝히려는 성격이 강한 전문가들의 언어에서는 '나'의 의견 못지않게 다른 누군가인 '그들'의 의견도 매우 빈번하게 참조되고 있음이 나타났다.[52] 그러니 객관성과 근거가 확보된다. 연결해보면 왜 칭찬에 3인칭이 들어가야 하는가가 분명해진다. 실제로도 그렇지 않은가. 근거가 명확해야 하는 연구 논문에서 가장 중요한 것 중 하나가 바로 '참고문헌'을 분명하게 밝히는 것이다. '그들'이 무슨 말을 했는가를 정확히 밝혀야만 하니 말이다.

자, 이제 요약해보자. 칭찬은 간접화법으로 해야 한다. 그 화법 속에 제3자의 평가가 필연적으로 들어가니 그 칭찬은 분명한 근거를 가지게 된다. 이렇게 한다면 단순히 환심을 사서 칭찬을 받으려는 얄팍한 수작이 줄어들고 일의 본질을 통해 긍정적 평가를 받으려는 건전한 노력도 촉진시킬 수 있다. 하지만 사과는 분명히 1인칭으로 해야 한다. 이걸 거꾸로 하면 자기의 마음에 드는 사람을 칭찬하고 사과는 다른 사람의 입을 통해 하는 사람이 된다. 당연히 무성의하고 형식적인 느낌이 들 수밖에 없다.

●●● **좋은 피드백이란**

어떤 일을 하다 보면 '내가 지금 잘하고 있는 건가?' 하는 생각이 들 때가 있다. 이른바 피드백이 필요한 시점이다. 중간 점검 차원에서 친구나 선배에게 그 일에 대한 피드백을 부탁한다. 막상 피드백을 들어보면 의문이 해소되기는커녕 더 헷갈린다. 잘못된 피드백을 받은 것이다. 그러면 좋은 피드백이란 무엇일까?

우선 피드백의 사전적 정의는 '어떤 행위의 결과가 최초의 목적에 부합되는 것인가를 확인하고 그 정보를 행위의 원천이 되는 것에 되돌려 보내어 적절한 상태가 되도록 수정을 가하는 일'이다. 이 정의를 보면 두 가지 측면이 핵심이다. 첫째, 목표로 향해 가는 길을 잃지 않도록 지속적으로 집중시키는 것이다. 둘째, 동기를 지속적으로 부여하는 것이다. 이 두 목적을 만족시키는 피드백은 어떤 것일까?

예를 들어, 꽤 오래전부터 금연을 하고 있는 친구가 있다. 참 대단하다는 생각이 들어 격려 차 이렇게 말한다. "와! 자네 아직까지 금연을 하고 있군! 대단해. 이렇게 오래 담배를 참다니 대단한 의지력이야." 이건 좋은 피드백이 아니다. 왜 그럴까? 의지력은 그 사람의 고유한 능력이다. 상당 부분 의지력은 개인마다 타고난 정도가 정해져 있다. 따라서 그 의지가 언젠가는 한계에 도달하게 되며 그러면 이제 심리적으로 길을 잃고 만다. '아… 난 여기까지인가 보다'라고 말이다. 잘 바뀌지 않는 그 사람의 경향성을 본질적 심리성향 entity mindset 이라고 한다. 성격, 의지력, 지능 등 한 사람의 고유한 기질들이 여기에 해당한다. 그런데 이러한 기질에 긍정적 피드백인 칭찬을 하게 되면 사람들은 언젠가 그 한계를 만날 때 포기하기 쉽다. 그 어려움을 헤쳐 나갈 '방법'이 떠오르지 않기 때문이다.

그러면 어떻게 해야 하나? 이렇게 말해야 한다. "와! 아직도 금연을 하고 있다니! 방법이 뭐야? 비밀이 뭐냐고? 나한테도 좀 알려줘!" 무엇이 다를까? 의지가 아닌 그 사람의 전략을 칭찬한 것이다. 그 칭찬을 받은 사람은 자신이 왜 금연에 성공하고 있는지를 좀 더 자세히 되돌아보면서 그 성공 방법들에 더 주목하게 된다. 이를 두고 점진적 심리성향 incremental mindset 에 피드백을 주었다고 말한다. 한마디로, 타고난 기질보다 사용 중인 전략을 칭찬해야 한다. 그래야 다양한 한계를 만나더라도 얼마든지 바꿀 수 있는 전략과 방법에 관한 융통성 있는 생각들을 촉진시킬 수 있다.

둘째, 긍정적 피드백을 초반에 부정적 피드백을 후반에 배치하는 것이 좋다. 아일릿 피쉬백 Ayelet Fishbach 교수에 의하면 행동의 변화를 처음 시도할 때는 긍정적 피드백이 필요하다. 어떤 목표에 대한 시선을 집중시키는 효과가 있기 때문이다. 한편, 목표에 대한 몰입을 어느 정도 지속해온 사람들이 필연적으로 느끼는 것은 익숙함, 지루함, 더 나아가 피로감이다. 이렇게 이미 열중을 지속하고 있는 사람들에게는 부정적 피드백의 활용을 고민해봐야 한다. 부정적 피드백은 발전이나 향상을 위한 동기를 자극하기 때문이다. 주마가편^{走馬加鞭} 은 이때 필요한 것이다.

요약하자면 다음과 같다. 인간의 고유한 능력처럼 바뀔 수 없는 측면보다는 현재 활용 중인 방법에 긍정적 피드백을 해야 한다. 그래야 자신을 더 돌아보고 좀 더 능동적으로 전략을 구사하게 된다. 둘째, 목표를 설정한 초기에는 바람직한 행동을 찾아내 그것에 긍정적인 피드백을 제대로 하고 있는가에 초점을 맞춰야 한다. 그리고 이미 몰입이 상당히 진행된 경우라면 이제 무엇에 부정적인 피드백을 할지를 조심스럽게 점검해볼 필요가 있다. 이래저래 피드백은 결코 쉬운 일이 아니다.

●●● 설득을 가장한 자기확신

한쪽에서는 설득의 과정을 거쳤다고 하고 다른 쪽에서는 설득은커녕 소통조차 되지 않는다고 주장하는 경우가 있다. 한쪽 입장에서는 억울하고 다른 쪽 입장에서는 답답할 것이다. 같은 공간에서 같은 것을 경험하는데 왜 이런 불일치가 일어나는 것일까? 설득이라고 생각했던 그 과정이 실은 자신이 옳다고 스스로 확신하는 과정에 불과했을 수 있기 때문이다. 스페인 마드리드 아우토노마대학의 심리학자인 파블로 브리놀 Pablo Brinol 교수는 바로 그 점을 냉정하게 꼬집는 실험 연구들을 보여준다.[53]

　연구에 참여한 대학생들을 두 그룹으로 나눈다. 두 그룹 모두 당연히 '등록금 인하'에 강력히 찬성하는 입장이다. 그런데 A그룹의 학생들에게는 '타인을 설득'한다고 상상하면서 등록금을 내려야 하는 이유를 열거하도록 했다. 반면, B그룹 학생들에게는 스스로를 납득시킨다고 상상하면서 근거를 적도록 했다. 이후 두 그룹 모두에게 등록금을 인하해야 한다는 취지의 제안서 하나를 보여줬다. 결과는 매우 흥미로웠다. A그룹이 훨씬 더 긍정적이고 강한 동의를 보인 것이다.

　다음 실험은 더 재미있다. 이번에는 '등록금 인상'을 주장하는 안을 설득해야 한다. 그들의 본심과는 전혀 다른 주장이다. 그러자 정반대의 결과가 나타났다. 자신을 납득시킨다고 상상하면서 그 근거를 나열한 학생들이 타인을 설득한다고 생각하면서 같은 일을 한 학생들보다 '등록금 인상 제안서'에 더 긍정적 태도를 보였다. 왜 이런 차이가 일어났을까? 생각을 위한 노력에 그 답이 있다. 연구진은 학생들에게 해당 주장을 펼치기 위해 얼마나 몰두했는가를 물었다. 그 결과 자신이 믿고 있는 주장에 대해서는 타인을 설득할 때, 믿지 않는 주장에 대해서는 자기 자신을 설득할 때 더 노력하고 애쓴 것으로 나타났다. 생각을 더 열심히 할 수 있다는 것은 그만큼 생각이 더 잘 돌아갈 수 있었기 때문이다. 사람은 원래 그렇다. 생각이 수월하게 잘 되기 때문에 더 열심히 생각하게 된다. 몰두하기 때문에 잘하기보다는 잘할 수 있기 때문에 몰두하는 것이다.

자, 이제 이 글의 주제와 직결되는 내용인 후속 연구를 살펴보자. 이번에는 타인을 좀 더 세분화했다. 여기에는 어떤 주장에 대해 나와 원래부터 같은 입장을 가진 사람들(동일 주장 집단)도 있지만 그 주장과는 무관한 다른 측면(정치적 입장 혹은 장애인 정책 등)에서 비슷한 성향의 사람들(유사 성향 집단)도 있다. 연구 결과, 다른 사람들을 설득하는 과정에서 동일 주장 집단을 설득하는 일을 했을 때보다 유사 성향 집단을 설득하는 일을 하고 난 뒤 자기확신이 훨씬 더 크게 증가했다(동일 주장 집단을 설득하고 난 뒤에는 오히려 자기확신이 더 떨어졌다). 이는 무엇을 의미할까?

우리는 자신과 주장이 똑같은 사람들을 다시금 설득하는 불필요한 일을 하지는 않는다. 따라서 이건 논외로 해도 된다. 그런데 자신과 비슷한(하지만 해당 주장에 대해서는 아직 입장을 밝히지 않은) 성향의 사람들을 설득한다는 것은 은연중에 자신의 주장이나 계획에 대한 확신을 스스로 높이고 있다는 의미가 된다. 돌아보면 이런 사람들은 정말 많다. 정치, 종교는 물론이고 음악이나 음식 같은 사소한 부분에 이르기까지 성향이 다른 사람들은 다양하게 존재한다. 당연히 평소 부담 없이 어울리기에는 '다소 불편'하고 은연중에 거리를 두게 되는 사람들이다. 그러니 자신도 모르는 사이에 이런 사람들을 설득의 과정에서 배제해나가고 있지는 않은지 돌아볼 필요가 있다. 그러지 않는다면 대부분 '과대한 자기확신'으로 이어진다.

●●● 좋은 질문은 어떻게 사람을 성장시키는가?

'좋은 질문이 최고의 공부'라는 말이 있다. 어떤 질문이 좋은 질문일까? 좋은 질문에 관한 여러 가지 말들이 많지만 그 역시 좋은 질문보다는 좋은 질문으로 인해 가질 수 있는 긍정적 결과들을 열거한 것들에 가깝다. 그렇다면 어떻게 질문해야 할까?

'같은 질문이지만 다른 분량으로 대답하도록 요구하는 질문'이 좋다. 일례로, 한 학기에도 많은 대학원생이 수십 페이지에 달하는 연구 계획서를 보여준다. 그 두꺼운 계획서를 검토한 후 대학원생들에게 대뜸 이렇게 질문한다. "자네가 작성한 연구 계획을 정확히 5분 분량으로 설명해봐." 그러면 그 대학원생은 대략적인 내용 위주로 5분에 맞게 설명하려 애쓴다. 꽤 괜찮은 설명도 있고 성에 차지 않는 경우도 있다. 그 결과에 개의치 않고 다시 이렇게 질문한다. "이번에는 그 내용을 단 한 줄로 요약해봐." 대학원생은 당황해하지만 어떻게든 대답은 한다. 그러면 어떤 변화가 일어나는가? 일단 구체적이고 전문적인 용어는 쓰지 못한다. 그 수많은 내용을 아우르자니 추상적이면서 포괄적인 표현이 나올 수밖에 없다. 심지어는 대답하는 사람이 머쓱해할 정도의 문학적 표현이 나오기도 한다. 다시 이렇게 주문한다. "그럼 다시 10분 분량으로 설명해봐." 이러면 재미있는 변화가 일어난다. 아까 그 한 줄짜리 제목이 큰 줄기가 되어 더 많은 분량과 전문용어가 나오면서도 자기만의 구성이 자리를 잡기 시작한다. 그리고 뭐가 누락됐는지도 파악하곤 한다. 그 전에는 전혀 알아채지 못했던 것들이다.

이것이 같은 내용을 전혀 다른 분량으로 설명하도록 하는 질문이 지니는 힘이다. 자신의 지식과 계획을 추상적이고 포괄적으로 함축하게 만드는 '1줄로 요약하라'와 큰 줄기에 무엇이 빠져 있는가를 되돌아보게 만드는 '다시 늘려 설명하라'가 반복되는 과정에서 우리는 스스로 더욱 견고하면서도 설득력 있는 무언가를 만들 수 있다.

좋은 질문은 그 질문에 대답하는 사람으로 하여금 재구성하고 큰 뼈대를 잡으며 동시에 무엇이 빠져 있는가를 세세하게 확인하게 만들어주는 질문이다. 이는 같은 내용을 전혀 다른 시간의 길이로 설명하는 과정을 통해 가능하다.

●●● 숫자와 인간심리

많은 커피전문점들이 고객 유지 전략으로 '10잔 마시면 한 잔 무료' 쿠폰을 활용한다. 그 쿠폰들 중에는 총 12칸 중 처음 2칸의 도장이 미리 찍혀 있는 게 있다. 이것은 손님을 또 오게 하는 데 상당한 효과가 있다. 실제로 컬럼비아대학의 란키베츠 Ran Kivetz 교수 연구진은 이런 쿠폰을 받은 사람들이 처음부터 10개의 빈 칸을 채워야 하는 사람들보다 더 적극적으로 커피를 구매한다는 것을 관찰했다.[54]

여기까지는 꽤 많이 알려진 사실이다. 하지만 이것이 다가 아니다. 마지막 남은 몇 칸을 더 빨리 채우도록 하려면 정반대 전략이 필요하기 때문이다. 뉴욕대학의 안드레아 보네찌 Andrea Bonezzi 교수와 노스웨스턴대학의 미구엘 브렌들 Miguel Brendl 교수 등은 인간이 어떤 목표를 향해 나아갈 때 초반부와 후반부에 각기 다른 메시지에 더 강하게 동기가 부여된다는 것을 실험적으로 입증했다.[55] 기부 행위, 시험지 채점 등 다양한 일들에 있어서 처음에는 이른바 '지금까지 얼마나 했나' 식의 메시지에 사람들은 더 강하게 자극받았다. 앞에서 말한 커피 쿠폰의 미리 채워진 두 칸 같은 경우다.

하지만 후반부로 갈수록 사람들에게 이 메시지의 힘은 약해진다. 후반부에는 '앞으로 얼마나 더 해야 하는가'와 같은 메시지에 사람들이 더 강한 동기를 느끼고 하던 일에 박차를 가한다. 그러니 쿠폰의 10칸 중 '무려 8칸이나 찍었네'라고 계속 생각하게 내버려두기보다는 전화나 문자메시지를 통해 고객에게 '이제 겨우 2칸 남았다'고 다시 알려주는 게 좋다는 것이다. 실제로 '지금까지 얼마나 했나'에 관한 메시지만 지속되는 가운데 후반부에 돌입할 경우 아무런 메시지를 듣지 않고 그 일을 했던 사람들보다 오히려 덜 열심히 하게 된다는 결과가 관찰됐다. '아, 내가 이만큼이나 했구나' 하는 일종의 '안이함'이 자리 잡게 되는 것이다.

그런데 특이한 것은 개별 행동이나 칸을 기수가 아닌 서수로 표현한 메시지를 들은 사람들이 초반과 후반부에서 모두 잘했고 결과도 가장 좋았다는 점이다. 일례로 '세 번째 기부' 혹은 '여섯 번째 채점' 등의 메시지에 더 나은 결과를 내놓은 것이다. 이는 상황을 서수로 묘사할 때의 이점을 누리고 있었기 때문이다. 사과 두 개 다음에 배가 있을 경우 그 배는 기수로는 3이지만 서수로는 세 번째가 아니라 '첫 번째 배'가 된다. 같은 집합이라도 기수로 표현하는 것보다 서수로 표현하는 것이 집합의 구성원들을 훨씬 더 독립적으로 취급하게 만든다. 일로 치자면 하나하나가 분명히 다르게 구분되는 것처럼 느껴지는 것이다. 그럼으로써 똑같은 일이라도 질적으로 다른 일에 임하는 자세가 갖춰지고 뭐든 빨리 잘 해내게 된다. 일례로 'OO차 세계 대전' 혹은 'OO차 경제개발' 등 기억에 남는 역사적 문구들도 그런 표현의 일환이다.

사실, 회식의 경우에도 "몇 시까지 있자"보다는 "몇 차까지 가자"라고 할 때 더 많은 직원들이 오랫동안 자리를 지키게 된다. 서수는 같은 일도 더욱 의미 있게 만든다. 시작이 반이라는 말과 화룡점정이라는 말 역시 초반부와 후반부를 서수로 표현한 것이다.

●●● 꿈과 비전은 동사와 형용사로

학생들에게 꿈이 뭐냐고 물어보면 대부분 이렇게 대답

한다. '의사', '교사', '변호사', '세무사' 등등. 여기에는 문제가 있다. 이른바 '사'자가 들어가는 것들만 선호해서 문제일까? 아니다. 더 중요하고 근본적인 문제가 있다. 우리 학생들은 언제부턴가 꿈이 뭐냐고 물어보면 직업, 즉 몇 글자로 구성된 명사로 대답을 한다. 그러고는 끝이다. 이 경우 그 직업군에 들어가지 못하면 실패를 하게 되는 셈이다. 다행히 그 직업을 갖게 돼도 만족감을 느끼는 경우가 많지 않다. 이는 현재 한국 사회의 수많은 조직이 표방하는 비전에 있어서도 마찬가지다. 미래 비전을 명사나 숫자화해서 목표로 삼는 것이다. 이것이 왜 문제일까?

앞서 말한 청소년들의 꿈이든 조직의 비전이든 먼 미래에 관한 것들이기 때문에 추상적일 수밖에 없다. 그런데 구체적인 명사로 한정하면 그 포괄성을 따라잡을 수가 없다. 그렇다면 이런 미래 결과들에 대한 소망은 어떻게 표현해야 할까? 되도록 동사로 표현해야 한다. 꿈이 '교사'라고 대답하는 것과 '가르치는 일을 하는 것'이라고 말하는 것은 달라도 한참 다르다. 꿈이 교사인 경우 전공과목 외에 교육학을 공부해야 한다. 다른 모든 것은 불필요해진다. 하지만 스포츠, 학원, 공공기관,

심지어는 작은 공방 등 수많은 분야에서 사람들은 가르치는 일을 하고 있다. 그 과정에서 내가 정말 잘할 수 있는 것을 알아낼 수 있는 기회가 훨씬 더 많아지는 것은 자명하다.

형용사까지 붙으면 금상첨화다. '새로운 것을 가르친다'라고 하면 이제 미래에 내가 할 수 있는 일들의 가능성이 무궁무진해진다. 일의 영역이나 종류에 국한되는 것이 아니라 일의 모습과 행위인 의미에 초점이 맞춰지고 다양한 영역과 종류가 행위적 의미에 융합되는 것이다. 그래서 이 시대 혁신적 인물들의 꿈이 행위적이고 그로 인해 상식 파괴적으로 보이는 것이다. 예를 들어보자. 스티브 잡스의 꿈은 CEO라는 명사가 아니라 '정보기술의 개인화'라는 행위였다. 이순신 장군의 꿈은 '나라를 구하는' 행위였다. 팔도수군통제사가 아니었다.

그런데도 우리는 왜 꿈과 비전을 논할 때 명사를 사용할까? 생각이 간편하기 때문이다. "OO는 사람을 죽였대"라는 말과 "OO는 살인자래"라는 표현은 모두 같은 의미다. 하지만 전자보다 후자의 표현을 들을 때 사람들은 생각의 양을 훨씬 더 간편하게 줄인다. 전자를 들으면 "OO가 왜 그랬을까?" 등 더 알아보고 탐색하려는 입장을 취하는 반면, 후자를 들으면 "OO는 나쁜 놈이네!"라는 식으로 단정적인 반응을 보이지 않는가. 후자가 명사이기 때문이다. 명사는 그 목적 자체가 생각의 양을 줄이고 소통의 범위를 제한하기 위해서 쓰는 품사다.

우리도 예전에 이런 명사형 비전을 선호한 적이 있다. 명사 중에서도 가장 구체적인 숫자를 동원한 형태였다. '수출 OOO달러 달성'이나 'OO억 원 흑자 달성' 등. 이런 명제는 꿈도 비전도 아니다. 도구일 뿐이다. 얼마 전 어떤 기업의 직원들을 만난 적이 있다. 그 분들에게 회사가 무엇을 지향하는지를 물어봤다. 대답은 놀라웠다. 고위직도 아닌 그 분들이 한결같이 이렇게 대답했다. "우리 회사는 세상에서 가장 훌륭한 예술품을 만들어내는 곳입니다." 그 회사는 이름만 대면 다 아는 화장품 회사였다. 'OO를 선도하는 최강 기업', 'OO를 석권하는 글로벌 기업' 좋은 말이다. 하지만 왠지 비전으로 삼기에는 목표 아닌 도구만을 보고 있다는 느낌을 지울 수 없다. 우리들의 꿈과 기업들의 비전에 좀 더 많은 형용사와 행위를 나타내는 표현들이 들어갔으면 하는 바람이다. 그래야 더 많은 생각을 할 것이며 더 많은 가능성을 두드려볼 것이기 때문이다.

국내 한 기업의 비전이다. '새로운 연결 새로운 세상'. 회사가 앞으로 얼마나 발전하느냐는 두고 볼 일이지만 이 정도는 돼야 조직의 비전이라고 부를 수 있지 않을까?

6장

과거가
미래의 발목을
잡지 않게 하라

••• 과거에 대한 향수와 현재의 자신감

학생이든 직원이든 사람을 뽑을 때 가장 중요한 것은 무엇일까? '제일 기뻤을 때'와 '그때 정말 좋았다'라는 기억이 있느냐이다. 이른바 향수鄕愁 다. 사전적으로는 긍정적인 지난 시절에 대한 그리움을 의미한다. 그런데 여기에는 단순한 그리움 이상의 무언가가 더 있다. 그 과거를 다시 한 번 경험하고픈 소망이 포함되기 때문이다. 이것은 당연히 미래를 위한 가장 중요한 힘이 된다. 고기도 먹어본 사람이 먹을 줄 안다고 하지 않는가. 과거의 긍정적인 기억이 강한 사람은 미래에 그 긍정을 다시 한 번 경험하고픈 강한 에너지를 가지고 있을 가능성이 높다.

영국 사우샘프턴대학의 심리학자 제이콥 율Jacob Juhl 교수는 과거의 힘 power of past , 즉 향수의 역할에 대한 연구를 오랫동안 진행해왔다. 그는 긍정적인 과거에 대한 단순한 회상만으로도 현재와 미래에 다양한 힘을 불어넣을 수 있다고 한다. 간단한 실험 하나만 들어보자.[56]

사람들에게 지난 과거를 회상하게 한다. 한쪽 사람들에게는 '아, 그때가 좋았지' 하는 기억을 떠올리게 했다. 다른 쪽 사람들에게는 특정한 시점을 정해주고 그 시점 전후로 일어났던 일을 떠올리게 했다. 즉 전자는 향수를, 후자는 단순한 일상적 기억을 떠올린 것이다. 그런 다음 양쪽 모두에게 타인과 협력이 필요한 일들을 부여했다. 결과는 매우 놀라왔다. 긍정적 과거에 대한 향수를 떠올렸던 사람들이 같은 목표를 공유해야 하는 협력적인 일에 훨씬 더 적극적으로 몰입했으며 잘 될 수 있다는 신념도 더 강한 것으로 나타났다. 당연히 일의 결과도 더 좋았다. 더더욱 재미있는 것은 다른 사람들과의 협력이 아닌 자신만을 위한 일에 있어서는 이런 향수 자극의 효과가 별로 없었다는 것이다.

다음 연구에서는 과거의 긍정적 경험을 좀 더 구체적으로 적어보게 했다. 한 그룹에게는 단순히 과거의 좋았던 일을, 다른 그룹에게는 다른 사람과 함께 했던 좋았던 일을 적도록 했다. 그 결과, 전자도 일반적인 경우보다는 협력을 더 잘했지만 후자는 거의 최고 수준의 협력도와 공감도를 보였다. 이 연구 결과에 의하면, '과거에 다른 사람들과 보람을 느끼면서 무언가를 성취했던 기억'을 되새길 수 있다면 미래를 위한 큰 힘을 얻을 수 있게 된다.

그런데 율 교수의 연구에는 더욱 중요한 측면이 하나 더 있다. 바로 효능감 efficacy 과 관련된 부분이다. 심리학에서 자주 거론하는 효능감은 쉽게 말해 자신감이다. 즉 잘될 거라는 긍정적인 마음가짐이다. 율 교수의 연구 결과는 효능감이 높은 집단에서만 나타났다. 과거의 향수를 되새김으로써 더 협력하고 공동의 목표를 향해 나아가는 모습은 낙관적이고 긍정적인 마음가짐이 있는 사람들에게서만 관찰되는 현상이라는 것이다.

자, 이제 과거의 좋은 기억을 영리하게 활용할 방법을 생각해보자. 지금 이 순간 자신감을 가지려면 어떻게 해야 할까? 현재를 밝고 긍정적으로 바라보아야 한다. 그러고 나서 과거의 긍정적인 기억을 떠올려야 한다. 현재에 대한 부정적 자세와 과거의 좋은 기억을 아무리 떠올려본들 별 소용이 없다는 것이다. 미래를 향한 힘은 이 둘이 전제되어야 얻을 수 있다. 현재의 긍정 없는 과거의 향수 자극은 억지이며, 과거의 향수 자극 없이 현재의 긍정만 있다면 협력은커녕 이기적 에너지의 분출만 있을 뿐이다.

●●● 시간 되돌리기 실험

얼마 전 엘렌 랭어 교수의 《마음의 시계》라는 책을 다시 한 번 꼼꼼히 읽어보았다. '깨진 유리창 이론'으로 유명한 필립 짐바르도 교수의 심리학 개론을 듣고 심리학으로 전공을 바꾼 엘렌 랭어 교수는 아마도 20세기에 가장 극적인 실험 연구들을 한 인물 중 하나일 것이다. 그녀의 책은 읽을 때마다 새로운 생각거리를 안겨준다. 꽤 알려져 있는 실험을 하나 들어보자.

1979년 하버드대학교 심리학과의 엘렌 랭어 교수는 오하이오 주의 한 신문에 광고를 실었다. 6박 7일간 진행되는 프로

그램에 참여할 사람을 모집하기 위한 광고로서 무료한 일상을 벗어나 활기찬 노년을 보내자는 게 골자였다. 지원 자격은 70대 후반에서 80대 초반 남성이고 모든 경비는 무료다. 면접을 거쳐 선발된 사람들은 서 있는 것조차 힘들어 보이는 검버섯 가득한 노인들이었다. 바로 그 유명한 시계 거꾸로 돌리기 counterclockwise 연구가 시작된 것이다.

노인들은 시골의 외딴 수도원으로 이동했다. 이들에게 부여된 규칙은 단 두 가지다. 첫째, 20년 전인 1959년이 마치 현재인 것처럼 말하고 행동해야 한다. 그리고 매일 밤 1959년에 개봉한 영화와 뉴스 등이 실제로 TV에서 방송됐다. 노인들의 반응은 "이런 거라면 얼마든지 할 수 있겠군" 혹은 "할 일도 별로 없었는데 재미있겠네" 등이었다. 두 번째 규칙은 청소, 설거지 등 집안일을 직접 하는 것이다. 여기에는 다소 반감을 보였지만 거부하면 퇴소해야 하므로 노인들은 어쩔 수 없이 느릿느릿 걸음을 떼며 지팡이에 의지한 채 설거지를 하고 서로 도와가며 빨래를 하기도 했다.

노인들은 시간이 지나면서 이 일에 슬슬 재미를 느끼기 시작했다. 1959년 야구 잡지를 보면서 "2년 전인 57년에 다

저스(미국 메이저리그 팀)가 브루클린에서 LA로 옮겼잖아"라고 자연스럽게 말하는가 하면, 1959년 개봉작 마를린 먼로 주연의 《뜨거운 것이 좋아》를 보면서 "올해 영화 중 단연 최고야" 하며 엄지손가락을 치켜 올리면서도 전혀 어색해하지 않았다. 일주일 후 놀라운 변화가 나타났다. 시력, 청력, 기억력, 지능, 악력 등이 신체나이 50대 수준으로 향상됐다. 체중도 1.5kg 정도 늘어났다.

이 연구는 마음을 젊은 시절로 되돌리면 신체도 그에 따라 놀라우리만큼 젊어진다는 것을 보여주는 고전적인 연구로 손꼽힌다. 그런데 20년 뒤로 마음을 되돌린 것이 왜 신체에도 영향을 준 것일까? 그 답은 바로 자발성과 늘어난 대화의 양에 있다. 50대로 생각을 되돌렸더니 어떤 일을 남의 일이 아닌 자기의 일로 생각하고 행동하려는 경향이 커진 것이다. 그리고 대화의 양이 늘어남에 따라 협동의 양이 증가하는 것 역시 자연스러운 현상이다.

••• 직전의 성공은 혁신의 최대 적

"창의적인 사람과 그렇지 못한 사람이 따로 있다?" 누구나 궁금해하는 점일 것이다. 이 명제는 어느 정도는 참이다. 하지만 문제는 우리가 이 주장을 필요 이상으로 믿고 있다는 점이다. 사실 창의적인 사람과 그렇지 못한 사람이 따로 있기보다는 같은 사람이라도 창의적으로 만들 수 있는 조건과 상황이 따로 있다. 그런데도 창의적인 사람과 그렇지 않은 사람을 가르려고 하는 생각에 지나치게 심취하고 있는 듯하다. 그 결과 지난번에 이 일을 잘했으니 이번에도 비슷한 일이 주어지면 잘할 것이라는 단순한 생각을 하곤 한다. 단순한 사무나 육체노동 같은 일에는 적합한 생각일 가능성이 높다. 하지만 직전에 경험한 것이 새로운 생각을 얼마나 강하게 속박하는가를 보여주는 연구들은 의외로 매우 많다.

예를 들어, 기억상실증 환자는 자신이 조금 전에 'ANALOGY'라는 단어를 보았다는 사실을 몇 분만 지나도 기억하지 못한다. 그런데 좀 더 시간이 흐른 후에 'A( )( )L( )GY'를 준 뒤 빈칸을 채워 단어를 만들라고 하면 이전에 봤던

(하지만 기억도 못하는) 'ANALOGY'를 떠올리면서 더 쉽게 답을 완성한다. 거의 정상인 수준으로 말이다. 이렇게 직전에 경험한 것은 의식적으로 기억하지 못하더라도 이후의 모든 일에 매우 강한 힘을 발휘한다.

하지만 이런 현상이 늘 도움이 되는 것은 아니다. 오히려 얼마든지 방해가 될 수도 있다. 'ANALOGY'를 본 후 몇 분이 지나고 난 뒤 'A( )L( )( )GY'를 주고 빈칸을 채워 단어를 만들라고 한다. 그러면 이전에 어떤 단어도 보지 않고 바로 이 과제를 시작한 사람들보다 이 문제를 훨씬 더 어려워한다. 답은 'ALLERGY'다. 하지만 이전에 'ANALOGY'를 본 사람들은 그것에 끼워 맞춰보려는 시도를 반복하게 된다. 심지어는 앞서 본 단어가 지금 하는 일에 방해가 될 수 있다는 것을 알려줘도 이런 일이 계속된다는 것이다. 기억상실증 환자도 마찬가지로 어려워한다.[57]

사람들에게 기존에 없던 새로운 생명체나 장난감을 그려보라고 할 때도 마찬가지 일이 발생한다.[58] 다른 사람이 그린 예를 세 가지 정도 보여주고 이 일을 시키면 사람들은 자신들이 본 다른 사람들의 그림으로부터 좀처럼 벗어나지 못한다.

어쩌면 우리가
거꾸로 해왔던 것들

차라리 안 보고 시작한 것만 못한 셈이다. 심지어는 사람들에게 자신들이 본 예와 최대한 다르게 아이디어를 생성하도록 요구했을 때에도 이런 현상은 계속해서 일어났다. 사람들이 어떤 일을 하기 직전에 보거나 들은 것이 지금 이 일에 미치는 영향력은 상상을 초월한다. 즉, 고착되는 것이다.

따라서 어떤 사람이나 조직이 혁신을 만들어냈다면 이들은 직후의 다른 혁신에 오히려 가장 부적절한 사람들일 가능성이 있다. 직전 경험이 가장 많기 때문인데, 다음 혁신은 직전 혁신을 다시 한 번 바꾸자는 것 아니겠는가. 많은 사람들이 창의성이 중요하다고 말한다. 하지만 훨씬 더 중요한 것은 같은 사람이라 하더라도 창의적인 생각을 할 수 있도록 상황과 조건을 만들어주는 일이다.

●●● 먼 미래를 논해야 하는 이유

먼 미래에 관한 이야기일수록 공허하고 뜬구름 같다. 그래서 우리는 먼 미래에 대해선 잘 얘기하지는 않는다. 당장 내년이나 후년조차 제대로 대비하지 못하는 게 현실이니까. 그런데 먼 미래에 관한 이야기에 대해서도 의외의 조언이 가능하다. 결론부터 먼저 말하자면, 먼 미래에 관해 이야기해야 가까운 미래에 대해 더 구체적으로 생각하고 대비할 수 있다.

토론토대학의 나디아 바시르 Nadia Y. Bashir 박사 연구팀이 발표한 연구를 보자.[59] 바시르 박사 연구팀은 사람들에게 선을 하나 보여주고 2020년이 어디쯤 위치하는가를 추정해 점을 찍게 했다. 한쪽 사람들에게 주어진 선은 왼편 끝이 2016년이고 오른편 끝이 2085년이다. 다른 쪽 사람들에게 주어진 선은 왼편 끝은 똑같이 2016년이지만 오른 편 끝이 2025년이다. 그러니 당연히 후자의 경우 2020년의 위치가 전자보다 오른편 끝에 더 가깝게 된다.

전자는 2020년이라는 미래를 '가깝게 보는 조건'이다. 오른편 끝이 2085년이니 현재와 2020년의 차이가 크게 느껴지지 않는다. 후자는 2020년을 상대적으로 '멀게 보는 조건'이다. 2020년의 위치가 2016년보다 2025년에 더 가깝기 때문이다. 이후 두 조건의 사람들 모두에게 2020년쯤 사람들이 고민할 법한 안건이 무엇인지, 그리고 그 일에 어떻게 대비해야 할

지도 물어본다. 그러면 어느 선에서 어떤 지점에 2020년을 찍었는가가 사람들의 생각과 응답에 매우 큰 결과의 차이를 만들어낸다. 2016년과 2085년 사이에 2020년을 추정해 점을 찍은 사람들이 다른 쪽 사람들에 비해 훨씬 더 구체적이고 풍부하게 그 현안에 관해 생각하고 해결책을 내놓더라는 것이다. 그 현안이 환경문제와 같은 공공적인 성격의 것이든 자신의 미래에 관한 개인적 사안이든 결과는 마찬가지였다. 먼 미래인 2085년을 기준으로 가까운 미래인 2020년을 생각해본 사람들이 훨씬 더 구체적인 행동 계획을 만들어낸 것이다. 왜 이런 일이 일어나는 것일까?

첫째, 사람들은 주관적으로 멀게 느껴지는 목표의 결과를 축소해서 생각하는 경향이 있다. 둘째, 객관적으로 시간이 길게 걸리는 장기적 목표일수록 마음에 덜 구체적으로 와 닿는다. 셋째, 멀게 느껴지는 목표를 달성하려는 동기는 가까운 미래의 목표를 위한 동기보다 약하다.

그 시점이 언제든 그 미래에 구체적인 마음가짐과 동기가 높은 상태로 임하려면 그것보다 더 먼 미래에 관한 이야기나 가치를 생각해야 한다는 결론에 도달한다. 좀 더 나아가, 시간의 길이를 기준으로 여러 종류의 미래상이 있어야 함을 의미한다. 바로 이런 이유로 우리는 다양한 미래 시점에 관한 논의에 시간과 노력을 할애할 필요가 있다. 공허하거나 공염불에 그치는 것이 아니기 때문이다.

●●● 현재의 숨은 가치를 찾아라

실현 가능하지도 않은 미래를 자꾸 이야기하면 허풍이나 과장이 심한 사람으로 간주되기 십상이다. 그러니 미래를 이야기하면서 '실현 가능성'을 염두에 두지 않을 수 없을 것이다. 그런데 실현 가능성을 너무 따지다 보면 정작 눈앞의 소중한 것들을 간과하거나 그 가능성을 얕잡아보는 우를 범할 수 있다.

아트 마크먼 교수의 저서 《혁신의 도구 Tools for Innovation 》에서 자주 언급하는 실험이 있다. 같은 능력치를 가지고 있는 사람들을 A부터 C까지 세 그룹으로 나눈다. 같은 재료를 주고 새로운 발명품을 만들어보라고 한다. 그런데 말의 간격과 순서가 달라짐에 따라 모든 그룹에게 같은 재료를 주었는데도 각 그룹이 내놓는 발명품의 창의 및 혁신의 정도에 큰 차이가 발생한다.

A그룹의 사람들에게는 재료를 주고 이렇게 말한다. "이 재료 중 10개를 골라서 혁신적인 제품을 만들어보세요." 그러면 사람들은 무난한 재료를 골라 무난한 것을 만들어낸다. 당연히 창의성이나 참신함을 찾아보기 힘든 결과가 나온다. 그런데 B그룹의 사람들에게는 "이 재료 중 마음에 드는 것 10개를 고르세요"라고 말한 뒤 다 고르고 난 뒤에야 "혁신적인 제품을 만들어보세요"라고 말한다. 사람들은 다소 당황해한다. 하지만 이 예상치 못한 상황에서 사람들은 좀 더 새롭고 기발한 것들을 내놓는다. C그룹의 사람들은 더 당황스러운 상황에 놓이게 된다. 재료를 아직 보여주지 않은 상태에서 이 사람들에게는 먼저 무엇을 발명하고 싶은지 이야기하게 한다. 별의별 이야기가 다 나오고 거창한 것들이 속출한다. 그것을 다 듣고는 그 아이디어가 적힌 쪽지들을 모자 안에 넣고 섞은 뒤 다시 나눠준다. 그 쪽지에 적힌 엄청난 발명품을 본 사람들은 낄낄거리며 "아이고, 이게 가능하겠어?" 하는 반응을 보인다. 그

순간 진행자가 이렇게 말한다. "이 재료 중 10개를 골라서 당신이 받은 쪽지에 적힌 발명품을 완성하세요." 사람들은 아연실색한다.

이제 재미있는 차이가 나타나기 시작한다. 사람들이 10개의 재료를 고르는 방식에 확연한 차이가 나타나는 것이다. C그룹의 사람들은 자기 앞에 놓인 재료들을 쉽게 고르지 못한다. 쪽지에 적힌 그 엄청난 발명품들을 생각하니 재료 하나하나를 보는 눈이 달라지기 때문이다. 혹시라도 보지 못했거나 놓치는 것이 있을까 싶어 신경을 곤두세우고 재료를 하나씩 유심히 살펴보기 시작한다. 심지어는 부딪혀 소리를 들어보기도 하고 땅에 떨어뜨려 강도를 시험하기도 한다. A그룹과 B그룹에서는 좀처럼 볼 수 없는 행동들이다. 그리고 그 결과는 당연히 훨씬 더 혁신적이고 창의적인 작품들이다. 반드시 그 쪽지에 적힌 것을 완성하지는 못하더라도 말이다.

바로 이런 이유 때문에 미래 가치는 꽤 커야 한다. 그것을 꼭 실현하기 위해서가 아니다. 그게 커야만 현재 보유한 기술과 재료들이 지닌 숨은 가치를 발견할 수 있기 때문이다. 테슬라의 CEO 엘론 머스크가 왜 그리도 우주라는 미래 가치에 집착하는지 이제 슬슬 감이 오기 시작할 것이다. 자신이 가진 재료와 기술을 색다르게 볼 수 있기 때문이다. 큰 미래 가치는 지금 없는 새로운 것을 만들어내기 위해서도 필요하겠지만 더욱 중요한 건 지금 가지고 있는 것을 새롭게 볼 수 있게 해준다는 점이다.

●●● 기억은 미래의 함정이다

수많은 사람들이 미래를 예측하고자 한다. 하지만 인간이 신神이 아닌 이상 어찌 미래를 예측한다는 것이 쉽겠는가. 제아무리 대단한 심리학자라 하더라도 미래를 예측하는 것을 돕는다는 것은 불가능에 가깝다. 하지만 미래를 예측함에 있어서 인간이 빠지기 쉬운 함정 하나를 의미 있게 생각해볼 수 있는 이야기가 하나 있다. 왜냐하면 미래를 제대로 예측하지 못했던 수많은 실패들은 거의 대부분 미래의 변화를 과소평가했기 때문이다. 정말로 인간은 미래를 과소평가할까?

스페인 에사대대학의 조르디 쿠아드박Jordi Quoidbach 교수와 미국 하버드대학의 댄 길버트 Dan Gilbert 교수 연구팀이 이와 관련한 매우 흥미로운 연구를 세계적인 저널인 〈사이언스지〉에 발표했다.[60] 연구진은 사람들에게 자신의 가치나 성격이 지난 10년 동안 얼마나 변했는가를 되돌아보고 앞으로 10년 동안 얼마나 변할지 예측해보도록 했다. 흥미롭게도 모든 측면에 대해서 동일한 결과가 나타났다. 과거 10년의 변화에 대한 기억에 비해 미래 10년의 변화에 대한 예측은 모든 연령대에서 절반밖에 안 되었다. 예를 들어, 20대는 지난 10년간 자신의 변화 정도를 100으로 평가하는 반면 앞으로 10년 동안의 변화를 50으로 추정한다. 60대는 지난 10년간과 앞으로 10년 동안의 변화의 정도를 각각 50과 25로 생각한다는 것이다.

이는 놀랍게도 선호도와 같은 특정 대상에 대한 물음에 대해서도 동일하게 나타난다. 예를 들어, 자신이 10년 전에 열광했던 가수가 오늘 콘서트를 한다고 했을 때 표가 얼마까지면 사겠냐고 했을 때 평균 80달러 정도로 응답했다. 하지만 자신이 지금 열광하는 가수가 10년 후에 콘서트를 한다고 하면 그 가격은 129달러로 치솟았다. 물가를 오늘로 고정시키고 물어봐도 마찬가지다.

이는 무엇을 의미하는가? 첫째, 나이가 많은 사람일수록 과거든 미래든 변화의 정도를 상대적으로 적게 추정한다. 나이를 먹을수록 세월을 더 빨리 느끼는 이유 중 하나일 것이다. 지난 10년간의 변화 100과 50에 필요한 시간도 마찬가지로 100과 50일 테니 말이다. 둘째, 모든 사람들은 과거의 변화보다 미래의 변화를 더 과소평가한다. 지난 10년의 큰 변화에 혀를 내두르며 놀라면서도 미래에 대해서는 아무리 크게 잡아도 그 절반에 해당하는 변화만 있을 거라고 생각한다는 것이다. 인간은 자신이 앞으로 10년 동안 경험할 변화를 과소평가하게 되어 있다. 그런데 당혹스럽게도 대부분 조직의 리더는 가장 나이가 많다. 그러니 조직 내에서 미래의 변화를 최소로 내다보는 사람이 될 수도 있다. 아니 그럴 위험이 가장 큰 사람이 오히려 리더라는 것이다.

수많은 리더들이 조직 구성원들에게 이렇게 이야기한다. "혁신하지 않으면 미래 사회에 도태된다." 그런데 참으로 당혹스러운 것은 그렇게 미래를 걱정하면서 직원들을 다그치면서도 자신의 판단과 예측은 지극히 현재에 지배당하고 있는 경우가 허다하다는 점이다.[61] 과학 및 공학용 컴퓨터의 독보적 존재였던 디지털 이큅먼트사의 설립자이자 회장인 케네스 올센 Kenneth Olsen 은 1977년 "집에 개인용 컴퓨터를 가지고 있을 이유가 전혀 없다"고 예측했다.[62] 노벨 물리학상 수상자이자 라디오를 발명한 마르코니의 후원자였으며 전화기 개발 과정에도 관심이 많았던 영국 체신부의 최고 엔지니어 윌리엄 프리스 William Preece 경은 "미국인들은 전화기가 필요할지 모르겠지만 영국인들은 필요 없다. 왜냐하면 우리는 헤아릴 수 없이 많은(메신저 역할을 해주는) 하인들이 있기 때문이다"라고 일축했다. 심지어 빌 게이츠조차 1980년대 초반 1메가바이트도 안되는 "640kb면 모든 사람에게 충분한 메모리 용량"이라고 내다본 적도 있다. 이들의 공통점이 있다. 첫째, 모두들 그 분야의 최고 전문가이자 리더다. 둘째, 현재의 지속성을 가장 과대평가하여 미래를 가장 과소평가했다.

그렇다면 어떻게 해야 할까? 결국 방법은 하나다. 정점에 도달해 성공의 달콤한 맛을 본 사람은 이제 미래를 예측하기 어렵다는 것을 인정해야 한다. 지금까지 이룩한 바로 그것이 미래에도 지속될 것이라고 고집할 것이기 때문이다. 아직 그 정점에 도달하지 않은 사람의 예측에 귀를 기울여야 한다. 위의 세 사람 중 이를 실행에 옮긴 사람은 빌 게이츠뿐이었다.

●●● 미래를 위한 대화

수많은 현인들과 멘토들은 좀 더 미래지향적으로 생각하고 행동하라고 누차 조언한다. 미래지향적이라는 것은 어떤 뜻일까? 다양한 정의가 가능하겠지만 일단 공통점은 현재의 작은 것에 집착하지 말고 미래의 더 큰 것에 가치와 꿈을 두라는 의미다. 그런데 그게 가능할까? 굉장히 어려운 일이다. 그게 인간이기 때문이다. 따라서 단순하게 '미래의 더 큰 가치에 관심을 가져라'라는 훈계는 거의 효과가 없다. 그렇게 할 수 있는 상황을 만들어주어야 한다.

일단 인간이 과연 실제로 큰 미래 가치를 희생시키고 작은 현재 가치에 몰두하는가 여부부터 알아보자. 심리학에 '지연 디스카운팅 delayed discounting'이라는 현상이 있다. 지연은 무언가를 뒤로 더 미루어 기다린다는 뜻이다. 그리고 디스카운팅은 우리말로 가치를 낮춘다는 것이다. 따라서 지연 디스카운팅은 무언가를 즉시 취하지 못하고 기다려야 하는 상황이 되면 그것의 가치를 낮게 보는 현상을 뜻한다.

예를 들어보자. 지금 즉시 10만 원을 가질 수 있다고 생각하고 있었는데 갑자기 돌발 상황이 발생해 그 10만 원을 일주일이 지나야 가질 수 있는 상황으로 돌변했다. 일주일의 지연이 발생한 것이다. 그러면 그 10만 원의 가치가 갑자기 더 작게 느껴진다. 이로 인해 사람들은 지금 1만 원을 받을 수도 있고 일주일 후에 2만 원을 받을 수 있는 상황에서 지금의 1만 원을 선택하는 것이다. 나의 욕구를 지연시킴으로써 더 큰돈을 받을 수 있는데도 일주일 후의 2만 원이 심리적으로는 평가절하돼서 지금의 1만 원을 이기지 못하는 것이다.

더욱 재미있는 것은 지연시킴으로 인해 받을 수 있는 금액이 적으면 적을수록 디스카운팅의 크기가 더 커진다는 것이다. 예를 들어, 지금 당장 2만 원을 받을 수 있는데, 한 달을 기다리면 5만 원을 받는다. 이러면 그 5만 원의 가치는 매우 떨어지게 된다. 하지만 한 달을 기다려서 받을 수 있는 돈이 100만 원으로 커지면 이제 그 100만 원의 가지는 현재의 100만 원과 크게 차이가 나지 않는다. 그리고 그 기간이 한 달이 아니라 두 달 혹은 그 이상으로 길어져도 큰 차이가 나지 않는다. 그러니 인간은 단순히 소탐 小貪 해서 대실 大失 하는 것이 아니다. 작은 무언가를 기다리라고 하면 그때 더 작은 소 小 를 탐하는 것이다. 이러한 결과들이 무엇을 의미할까?

첫째, 가까운 미래의 약간 더 큰 보상은 오히려 지금 가진 것에 더 집착하게 만든다. 단기적인 향상이나 발전 목표만 있을 때 사람들이 먼 미래를 준비하지 못하는 이유가 바로 여기에 있다. 둘째, 충동적이거나 근시안적인 사람들이 오히려 더 큰 목소리를 내고 조직을 장악하는 것도 이 때문이다. 실제 연구 결과들을 종합해보면 이런 사람들은 지금 당장의 2만 원과 한 달 후 5만 원 사이에서는 주저 없이 지금의 2만 원을 선택한다. 주저 없다는 것은 고민하지 않는다는 것이고 고민이 없다는 것은 그만큼 눈에 띄고 현저하다는 것이다. 재미있는 것은 이런 사람들도 지금 2만 원과 2년 후 100만 원 사이에서는 다른 사람들과 마찬가지로 후자를 대부분 선택한다는 점이다. 우리의 상식과 다소 다른 결과다. 근시안적인 사람들이라고 해서 현재의 작은 가치와 먼 미래의 큰 가치를 혼동하지는 않는다. 다만 현재의 작은 가치와 가까운 미래의 약간 더 큰 가치를 착각하는 것이다.

그러니 해결 방법은 한 가지다. 먼 미래를 생각해야만 한다. 더 정확히는 그런 상황을 조성해야 한다. UCLA의 심리학자 할 어스너 허쉬필드 Hal Ersner-Hershfield 교수는 사람들에게 미래의 자신이 무언가를 누리고 있는 모습을 상상하게끔 했다. 그랬더니 재미있게도 사람들 사이에서 지연 디스카운팅 현상이 사라졌다.[63] 더욱 중요한 것은 불행한 무언가를 피하기 위한 미래 상상은 디스카운팅 현상이 사라지는 효과가 나타나지 않았다는 것이다. 그러니 미래 자신의 긍정적인 모습에 대해 더 많은 시간을 할애해 상상하고 이야기할 필요가 있다. 그래야만 현재의 작은 가치에 대한 집착을 과감히 포기할 수 있다. 그래서 많은 심리학자들이 이른바 '김칫국부터 마시지 말라'라는 투의 말들을 유난히 그리고 본능적으로 싫어하는지 모르겠다. 이런 말들은 먼 미래에 대한 긍정적 생각들을 공허하다거나 공염불이라고 핀잔주는 말들일 가능성이 크기 때문이다.

●●● 구체적으로 미래를 예측하지 말라

미래를 예측하는데 있어 빠지기 쉬운 심리적 함정이 있다. 결론부터 먼저 말하자면 '정확한 예측과 구체적인 예측을 혼동'하는 것이다. 바꿔 말하면 미래를 예측할 때 구체적인 정보에 관한 생각과 이야기를 많이 하면 그 다음의 보다 거시적인 예측에 대한 정확률이 오히려 떨어지는 현상이 존재한다는 것이다. 고려대학교의 석관호 교수 연구진은 3년 전 이를 보여주는 매우 흥미로운 연구를 발표한 적이 있다.[64]

연구 결과, 특정 팀의 승리 여부를 예측할 때 최종 스코어를 먼저 예상하고 어떤 팀이 승리할지를 예측하면 확률이 더 높아진다는 현상이 발견됐다. 축구 경기에서 점수 차이나 골이 얼마나 나올 것인가와 같은 부가적 정보에 초점을 맞추다 보니 승패라고 하는 더 큰 결과의 예측에 정확도가 떨어진다는 것이다. 왜일까?

워싱턴대학의 테레사 켈리 Theresa Kelly 교수 연구진은 석교수의 연구를 좀 더 확장해 그 이유를 구체적으로 밝히는 데 성공했다.[65] 켈리 교수 등에 의하면 구체적 예측 이후에 큰 예측의 정확도가 떨어지는 것이 결코 부주의나 거듭된 예측의 피로도 혹은 지나치게 많은 생각 등의 요인 때문이 아니다. 왜냐하면 경기 당일 날씨와 같이 큰 관련 없는 예측을 할 때보다 안타를 치거나 득점을 할 때와 같이 관련성이 큰 구체적 예측을 하고 난 뒤 경기 승패 같은 보다 큰 예측에 대한 정확성이 떨어지기 때문이다.

왜 이런 현상이 발생하는 것일까? 일반적으로 심리학자들은 인간이 생생함의 함정에 쉽게 빠진다고 이야기한다. 이 점은 이미 노벨 경제학상 수상자인 다니엘 카너먼 Daniel Kahneman 이 1980년대에 자신의 연구를 통해 밝힌 바 있다.[66] 미국인들에게 다음과 같이 물어본다. "미국과 러시아 간 전면 핵전쟁의 위험은 얼마나 되겠는가?" 이 질문에 사람들의 반응은 시큰둥하다. 그럴 위험이 얼마나 되겠느냐는 식이다. 하지만 "미국과 러시아 간에는 핵전쟁 의도가 없으나 이라크, 리비아, 이스라엘 또는 파키스탄과 같은 제3국의 행동에 의해 미국과 러시아 간에 오해가 발생하여 벌어지는 두 나라 사이의 전면 핵전쟁의 위험은 얼마나 되겠는가?"라고 질문을 좀 더 구체적으로 하면 사람들의 반응은 달라진다. 반응이 이런 식이다. "그런 위험은 꽤 클 것 같은데? 조심해야겠어!"라고 말이다. 다시 말해 위험의 확률을 더 높게 지각했다는 뜻이다. 말이 안 되는 확률 추정이다. 전자가 후자를 포함하기 때문이다. 그럼에도 구체적 시나리오가 일반적 시나리오보다 더 발생 확률이 높다고 추정한다. 불필요하게 생생한 상상은 과소 혹은 과대 추정의 오류를 필연적으로 유발하기 때문이다.

빅데이터 하면 떠오르는 인물인 다음소프트의 송길영 부사장이 늘 강조하는 '상상하지 말라. 관찰하라'도 정확히 여기에 해당하는 내용이라고 생각된다. 작고 구체적인 예측에 몰입하게 되면 내 머릿속에서 생생하게 무언가가 상상되는데 그것은 사실 새로운 것이 아니라 선입관과 고정관념에 의한 시나리오일 가능성이 크기 때문이다. 그러니 미래를 너무 구체적으로 예측하려고 하지 말아야 한다. 오히려 정확도는 떨어질 가능성이 크다. 차라리 지속적으로 관찰하는 것이 더 낫다. 인간은 굉장히 자주 예측의 구체성과 예측의 정확성을 혼동한다는 점을 잊지 말아야 한다.

1장 나를 찾는 심리여행

1) Otto, A.R., Gershman, S.J., Markman, A.B., & Daw, N.D. (2013). The Curse of Planning: Dissecting multiple reinforcement learning systems by taxing the central executive. Psychological Science, 24(5) 751-761.

2) 심리학에서는 이를 hypercorrection 현상이라고 부른다.

3) Butterfield, B. & Metcalfe, J. (2006). The correction of errors committed with high confidence. Metacognition and Learning, 1, 1556-1623.

4) Fazio, L. K., & Marsh, E. J. (2010). Correcting false memories. Psychological Science, 21, 801-803.

5) Sanna, L., Schwarz, N., & Small, E. (2002). Accessibility experiences and the hindsight bias: I-knew-it-all-along versus It-could-never-have-happened. Memory & Cognition, 30, 1288-1296.

6) Polman, E., & Emich, K. (2011). Decisions for others are more creative than decisions for the self. Personality and Social Psychology Bulletin (37), 492-501.

7) Goncalo, J.A. & Staw, B.M. (2006). Individualism-collectivism and group creativity. Organizational Behavior and Human Decision Processes, 100, 96-109.

8) Duguid, M. M., & Goncalo, J. A. (2015, August 24). Squeezed in the Middle: The Middle Status Trade Creativity for Focus. Journal of Personality and Social Psychology. http://dx.doi.org/10.1037/a0039569.

9) Kruger, J., & Dunning, D. (1999). Unskilled and unaware of it: How

difficulties in recognizing one's own incompetence lead to inflated self-assessments. Journal Of Personality And Social Psychology, 77(6), 1121-1134. doi:10.1037/0022-3514.77.6.1121

10) Burson, K. A., Larrick, R. P., & Klayman, J. (2006). Skilled or unskilled, but still unaware of it: How perceptions of difficulty drive miscalibration in relative comparisons. Journal Of Personality And Social Psychology, 90(1), 60-77. doi:10.1037/0022-3514.90.1.60

11) Converse, B. A., & Reinhard, D. A. (2015, October 19). On Rivalry and Goal Pursuit: Shared Competitive History, Legacy Concerns, and Strategy Selection. Journal of Personality and Social Psychology. Advance online publication.

12) Ji, L.J., Zhang, Z., & Guo, T. (2008) To buy or to sell: Cultural differences in stock market decisions based on stock price trends. Journal of Behavioral Decision Making, 21(4), 399-413.

2장 가슴이 시키는 일은 따로 있다

13) DeWall C. N., MacDonald, G., Webster, G. D., Masten, C., Baumeister, R. F., Powell, C., Combs, D., Schurtz, D. R., Stillman, T. F., Tice, D. M., & Eisenberger, N. I. (2010). Acetaminophen reduces social pain: Behavioral and neural evidence. Psychological Science, 21, 931-937.

14) Humphreys, K. L., Lee, S. S., & Tottenham, N. (2013). Not all risk taking behavior is bad: Associative sensitivity predicts learning during risk taking among high sensation seekers. Personality and Individual Differences, 54, 709-715.

15) Simmons, J. P., & Nelson, L. D. (2006). Intuitive confidence: Choosing between intuitive and nonintuitive alternatives. Journal of Experimental Psychology: General, 135(3), 409-428. doi: 10.1037/0096-3445.135.3.409

16) Notebaert, L., Masschelein, S., Wright, B., & MacLeod, C. (2015,

December 21). To Risk or Not to Risk: Anxiety and the Calibration Between Risk Perception and Danger Mitigation. Journal of Experimental Psychology: Learning, Memory, and Cognition. Advance online publication. http://dx.doi.org/10.1037/xlm0000210

17) Leander, N. Pontus; Shah, James Y.; Sanders, Stacey. Indifferent reactions: Regulatory responses to the apathy of others. Journal of Personality and Social Psychology, Vol 107(2), Aug 2014, 229-247. doi: 10.1037/a0037073.

18) Shen, Y. J., & Chun, M. M. (2011). Increases in rewards promote flexible behavior. Attention, Perception, & Psychophysics, 73, 938-952. http://dx.doi.org/10.3758/s13414-010-0065-7

19) Fröber, K., & Dreisbach, G. (2015, August 3). How Sequential Changes in Reward Magnitude Modulate Cognitive Flexibility: Evidence From Voluntary Task Switching. Journal of Experimental Psychology: Learning, Memory, and Cognition. Advance online publication. http://dx.doi.org/10.1037/xlm0000166

20) Woolley, K. & Fishbach, A. (in press). The Experience Matters More Than You Think: People Value Intrinsic Incentives More Inside Than Outside an Activity. Journal of Personality and Social Psychology.

21) Kang, S. H. K., & Pashler, H. (2014). Is the benefit of retrieval practice modulated by motivation? Journal of Applied Research in Memory and Cognition, 3, 183-188.

22) Situational Regulatory Fit Affects Test Performance Over an Academic Semester. Basic and Applied Social Psychology, 34(4), 376-385.

23) Bonezzi A, Brendl C, Angelis M (2011) Stuck in the middle: The psychophysics of goal pursuit. Psychological Science, 22(5), 607-12.

24) Shen, L., Fishbach, A., & Hsee, C. K. (2015). The Motivating-Uncertainty Effect: Uncertainty Increases Resource Investment in the Process of Reward Pursuit. Journal of Consumer Research, 41, 1301-1315.

25) Clance, P.R. & Imes, S.A. (1978). "The imposter phenomenon in high achieving women: dynamics and therapeutic intervention.". Psychotherapy: Theory, Research and Practice 15 (3): 241-247.

26) Vergauwe, J., Wille, B., Feys, M., De Fruyt, F., & Anseel, F. (2015). "Fear of being exposed: The trait-relatedness of the impostor phenomenon and its relevance in the work context". Journal of Business and Psychology 3: 565-581.

3장 정서적 판단이 중요한 이유

27) Mangan, P.A., Bolinskey, P.K., Rutherford, A, Wolfe, C. (1996). Why time flies in old age. The New Scientist, November 23, 1996

28) Bosone, L., Martinez, F. & Kalampalikis, N. (2015). When the Model Fits the Frame: the Impact of Regulatory Fit on Efficacy Appraisal and Persuasion in Health Communication. Personality and Social Psychology Bulletin, DOI: 10.1177/0146167215571089.

29) Willpower: Rediscovering the Greatest Human Strength with John Tierney, 2011. ISBN 978-1-59420-307-7

30) Yang, Qing, Wu, Xiaochang, Zhou, Xinyue, Mead, Nicole L., Vohs, Kathleen D. & Baumeister, Roy F. (2013). Diverging effects of clean versus dirty money on attitudes, values, and interpersonal behavior. Journal of Personality and Social Psychology, 104 (3), 473-489.

31) 이를 위해 그 기업이 도덕적으로 문제가 있음을 고발하는 기사를 읽게 한다.

32) 딱 여기까지 쓰고 난 뒤 필자가 지도하는 대학원생 한 사람과 이 내용에 관해 이야기를 하며 차를 한 잔 마셨다. 내용을 듣더니 그 친구가 대뜸 이렇게 말했다. "교수님, 그래서 우리 기업들 중 상당수가 좋은 일이나 기부에 돈을 잘 쓰지 않는 건가요?" 물론 필자는 그렇게 단순하게 생각할 일이 아니라고 얼버무렸다. 하지만 아쉬움이 남는 것은 분명하다. 정승처럼 돈을 쓰는 조직이 아직도 부족하기 때문에. 이와 관련해서 꼭 참고하셨으면 하는 글이 하나 있다. 전북대 신문방송학과 강준만 교수님의 글이다 (http://

navercast.naver.com/contents.nhn?rid=214&contents_id=29223).

33) Brendl, M., Markman, A, B., & Messner, C. (2003). The Devaluation Effect: Activating a Need Devalues Unrelated Choice Options. Journal of Consumer Research. 29(4): 463-473.

4장 선택의 순간과 심리적 함정

34) Shafir, E. (1993). Choosing versus rejecting: why some options are both better and worse than others. Memory & Cognition, 21, 546-556.

35) 심지어 옷을 입기 전 복도 쪽 거울과 매장 안에서 새 옷을 입고 살펴보는 거울의 각도도 살짝 다르다고 하니 백화점은 그야말로 심리학 지식이 사용되는 전쟁터와 같은 곳이 아닐 수 없다.

36) Fific, M., & Gigerenzer, G. (2014). Are two interviewers better than one? Journal of Business Research, 67, 1771-1779.

37) Schulreich, S., Gerhardt, H., & Heekeren, H. R. (2015, November 23). Incidental Fear Cues Increase Monetary Loss Aversion. Emotion. Advance online publication. http://dx.doi.org/10.1037/emo0000124

38) 또 한가지 흥미로운 점은 이 연구에서 겁이 없고 지배적인 특성(fearless dominance)'이 높았던 사람들이 그렇지 않았던 사람들이 비해 이런 현상이 잘 나타나지 않았다는 것이다. 더욱 재미있는 것은 다른 연구 결과들을 보면 이 특성이 높은 사람들은 대통령과 사이코패스다. 왜일까? 해답은 사회성과 이타성에 있다. 사회와 타인을 인정하고 긍정하는 사람들에게 있어서 이 특성이 높으면 그 어떤 성격 특징(예, Big 5)들보다도 더 유용한 정치적 자산이 되지만 그 인정과 긍정이 없는 상태에서는 가장 위험한 요소가 된다는 것이다.

39) Haase, C. M.*, Poulin, M. J.*, & Heckhausen, J. (2012). Happiness as a motivator: Positive affect predicts primary control striving for career and educational goals. Personality and Social Psychology Bulletin, 38, 1093-1104.

40) Liyin Jin, Szu-chi Huang, & Ying Zhang (2013). The Unexpected Positive Impact of Fixed Goal Structures on Goal Completion. Journal of Consumer Research, 40(4), 711-725.

41) http://www.huffingtonpost.com/art-markman-phd/flexibility-research_b_3943836.html

42) 베리 슈워츠는 '선택의 역설(The Paradox of Choice)'의 저자로서 선택의 폭이 넓어짐에 따른 판단의 함정에 대한 다양한 사례들을 이론과 더불어 설명해 오고 있다.

43) Suri, Gfiletype-pdf-icon., Sheppes, G., & Gross, J.J. (2015). The Role of Action Readiness in Motivated Behavior. Journal of Experimental Psychology: General, 144(6), 1105-1113.

44) 물론 이런 표지판의 효과는 없을 때의 계단 이용자 5%에서 10%로 상승시키기 때문에 절대적인 비율로 보면 여전히 적은 수의 사람들에게 효과가 있다. 하지만 분명한 건 통계적으로 유의미한 차이를 만들어 낸다는 점이다.

45) Hsee, C. K. (1996). The Evaluability Hypothesis: An explanation for preference reversals between joint and separate evaluations of alternatives. Organizational Behavior and Human Decision Processes, 67, 247-257.

5장 상대를 사로잡는 소통의 한 수

46) http://www.huffingtonpost.com/art-markman-phd/controversy-and-conversat_b_3972599.html

47) Zoey Chen & Jonah Berger (2013), When, Why, and How Controversy Causes Conversation, Journal of Consumer Research 40 (3), 580-593.

48) A. Danziger S, Levav J, & Avnaim-Pesso L (2011). Extraneous factors in judicial decisions. Proceedings of the National Academy of Sciences of the United States of America, 108 (17), 6889-92.

49) Parkinson, Cyril Northcote (November 19, 1955). "Parkinson's Law". The Economist.

50) Stephan, E. L., Liberman, N., & Trope, Y. (2010). Politeness and psychological distance: A construal level perspective. Journal of Personality and Social Psychology, 98, 268-280.

51) Slatcher, R.B., Chung, C.K., Pennebaker, J.W., & Stone, L.D. (2007). Winning words: Individual differences in linguistic styles among U.S. presidential and vice presidential candidates. Journal of Research in Personality, 41, 63-75.

52) Kim, K., Bae, J., Nho, M., & Lee, C. H. (2011). How do Experts and Novices Differ? : Relation vs. Attribute and Thinking vs. Feeling in Language Use. Psychology of Aesthetics, Creativity, and the Arts. Vol. 5(4), 379-388.

53) Briñol, P., McCaslin, M. J., & Petty, R. E. (2012). Self-generated persuasion: Effects of the target and direction of arguments. Journal of Personality and Social Psychology, 102, 925-940.

54) Kivetz, R., Urminsky, O., & Zheng, Y. (2006). The goal-gradient hypothesis resurrected: Purchase acceleration, illusionary goal progress, and customer retention. Journal of Marketing Research, 43, 39-58.

55) Bonezzi, A., Brendl, C. M., & DeAngelis, M. (2011). Stuck in the middle: The psychophysics of goal pursuit. Psychological Science, 22, 607-612.

6장 과거가 미래의 발목을 잡지 않게 하라

56) Abeyta, A. A., Routledge, C., & Juhl, J. (2015). Looking back to move forward: Nostalgia as a psychological resource for promoting relationship aspirations and overcoming relationship challenges. Journal of Personality and Social Psychology.

57) Smith와 Tindel(1997)

58) Smith, Ward, Schumacher(2003)

59) Bashir, N., Wilson, A. E. , Lockwood, P., Chasteen, A., & Alisat, S. (2014). The time for action is now: Subjective temporal proximity enhances pursuit of remote-future goals. Social Cognition, 32, 83-93.

60) Quoidbach, J., Gilbert, D., & Wilson, T. (2013). The end of history illusion. Science, 339, 96-98.

61) http://www.digitaltrends.com/features/top-10-bad-tech-predictions

62) 세계적인 컴퓨터회사였던 디지털 이큅먼트는 회장의 예측 실패로 컴팩 – 휴렛 펙커드 등에 순차적으로 인수되는 비운을 맞이했다.

63) Ersner-Hershfield, H., Garton, M.T., Ballard, K., Samanez-Larkin, G.R., & Knutson, B. (2009). Don't stop thinking about tomorrow: Individual differences in future self-continuity account for saving. Judgment and Decision Making, 4(4), 280-286.

64) Yoon, S. O., Suk, K., Goo, J. K., Lee, J., & Lee, S. M. (2013). The devil is in the specificity: The negative effect of prediction specificity on prediction accuracy. Psychological Science, 24, 1164-1170. http://dx.doi.org/10.1177/0956797612468760

65) Kelly, T. F., & Simmons, J. P. (2016, August 8). When Does Making Detailed Predictions Make Predictions Worse?. Journal of Experimental Psychology: General. Advance online publication. http://dx.doi.org/10.1037/xge0000204

66) Tversky, A. and Kahneman, D. (1983). "Extension versus intuitive reasoning: The conjunction fallacy in probability judgment". Psychological Review 90 (4): 293-315.

나와 당신을 되돌아보는, 지혜의 심리학

어쩌면 우리가 거꾸로 해왔던 것들

초판 1쇄 발행 2018년 03월 15일

지 은 이 김경일
펴 낸 이 박상진

편   집 김제형
디 자 인 박아영
관   리 황지원
제   작 오윤제

펴 낸 곳 진성북스
출판등록 2011년 9월 23일
주   소 서울특별시 강남구 영동대로 85길 38 진성빌딩 10층
전   화 (02)3452-7762   **팩   스** (02)3452-7761
네이버포스트 http://post.naver.com/jinsungbooks

ISBN   978-89-97743-38-4 03320

진성북스는 여러분의 원고 투고를 환영합니다. 책으로 엮기를 원하는 좋은 아이디어가 있으신 분은
이메일(jinsungbooks@naver.com)로 간단한 개요와 취지, 연락처 등을 보내 주십시오.
당사의 출판 컨셉에 적합한 원고는 적극적으로 책으로 만들어 드리겠습니다!